于丹 趣品汉字

节气节日篇

于丹 著

九州出版社

目录

节气篇

春

立春 · 春度春归无限春　　005

雨水 · 好雨知时节，当春乃发生　　012

惊蛰 · 春雷响，万物长　　020

春分 · 忙趁东风放纸鸢　　027

清明 · 清明时节雨纷纷　　034

谷雨 · 花开时节动京城　　041

夏

立夏 · 黄梅时节家家雨，青草池塘处处蛙　　049

小满 · 最爱垄头麦，迎风笑落红　　058

芒种 · 时雨及芒种，四野皆插秧　　066

夏至 · 昼晷已云极，宵漏自此长　　074

小暑 · 暑雨留蒸湿，江风借夕凉　　080

大暑 · 何以消烦暑，端坐一院中　　086

秋

立秋 · 睡起秋声无觅处，满阶梧桐月明中　　095

处暑 · 山明水净夜来霜，数树深红出浅黄　　103

白露 · 蒹葭苍苍，白露为霜　　110

秋分 · 落花听雨，折桂香远　　116

寒露 · 裊裊凉风动，凄凄寒露零　　123

霜降 · 月落乌啼霜满天，江枫渔火对愁眠　　129

冬

立冬 · 落水荷塘满眼枯，西风渐作北风呼　　137

小雪 · 迎冬小雪至，应节晚虹藏　　142

大雪 · 忽如一夜春风来，千树万树梨花开　　149

冬至 · 邯郸驿里逢冬至，抱膝灯前影伴身　　155

小寒 · 白日隐寒树，野色笼寒雾　　162

大寒 · 乃知大寒岁，农者尤苦辛　　167

节日篇		
元　旦	四气新元旦，万寿初今朝	175
腊　八	小孩小孩你别馋，过了腊八就是年	182
除　夕	半盏屠苏犹未举，灯前小草写桃符	188
春　节	爆竹声中一岁除，春风送暖入屠苏	194
元宵节	东风夜放花千树，更吹落、星如雨	201
上巳节	三月三日天气新，长安水边多丽人	208
寒食节	春城无处不飞花，寒食东风御柳斜	216
端午节	五色新丝缠角粽，菖蒲酒美清尊共	223
七夕节	天阶夜色凉如水，卧看牵牛织女星	232
中元节	绛节飘飘宫国来，中元朝拜上清回	243
中秋节	露从今夜白，月是故乡明	249
重阳节	独在异乡为异客，每逢佳节倍思亲	256
寒衣节	长安一片月，万户捣衣声	263
下元节	十月半，牵砻团子斋三官	268

节气篇

春 夏 秋 冬

从 2016 年 11 月 30 日开始，我们的二十四节气被正式列入联合国教科文组织的人类非物质文化遗产名录。其实从小时候起，许多中国孩子都熟悉且背诵过《二十四节气歌》："春雨惊春清谷天，夏满芒夏暑相连。秋处露秋寒霜降，冬雪雪冬小大寒。"这四句里，藏着一年四季二十四节气，这到底怎么来的呢？

谷雨　清明　春分　惊蛰　雨水　立春　　春

立春 · 春度春归无限春

大家好,我是于丹。今天我们要说的这个节气很招人喜欢,冬去春来,立春了。立春是二十四节气中的第一个节气,一般在阳历的 2 月 3 号、4 号或者 5 号,大约在农历的春节前后。立春节气过后,气温逐渐回升,万物复苏。我们还是从汉字说起,什么叫"立"呢?

甲骨文·立

"立"字的甲骨文字形,最下面那一横是地平线,像不像一个人站在地面上?所以它的本义就是站立,引申的意义有确立、建立、设立等。立春其实就是这样一个日子,表示春天正式来了。

甲骨文·春

再看"春"字,甲骨文的字形有点复杂,像不像一幅画?上面是什么呢?就是一株刚刚钻出地面的柔嫩的小草,写作"屮"(chè)。两个"屮"在一起,就是现在的草字头,写作"艸",也是草木初生的样子,象征着地上毛茸茸的、刚刚发出来的小草。中国人对草本和木本的东西都抱有非常深的感情,因为在春天万物复苏的时候,是大地给我们带来了生机,不仅有美好的景色,还能为我们提供饮食。

再往下看,除了上面的小草,旁边这个字是什么?是"屯"字。它也是个象形字,就像一株正在破土而出的子芽,你看这个弯曲的弧度像不像豆芽?所以《说文解字》里面就说,"屯,难也,象草木之初生"。当然,"屯"在这里也作声符。除了"草"和"屯",还有个什么字呢?还有个日头。也就是说,在阳光的照耀下,种子拱出了地面,小草破土发芽,万物初生都得益于太阳。所以"春"字从草、从日、从屯,屯亦声。整个"春"字就像一幅大地回春图,阳气从地底萌发,阳光蒸腾着,种子拱出了地面,小草破土而出。字形逐渐演化,到金文和小篆,分别写成这个样子:

金文·春　　小篆·春

这样一幅大地回春图,一定是带着生机和动力的。所以《说文解字》解释"春"是什么?"春者,推也。"有一种阳气蒸腾的强大力量推动它生长,它"从草从日,草,春时生也"。清代"说文四大家"之一段玉裁《说文解字注》中说:"得时草生也。"也就是说草木是应着季候生长的,从立春以后不负春光、不负阳气,万物迅速生长。

看一看白居易写的:"乱花渐欲迷人眼,浅草才能没马蹄。"[1] 草一开始刚没马蹄,到后来蓬蓬勃勃长出来了。当春天草木繁盛的时候,就像唐代诗人刘禹锡所写的:"沉舟侧畔千帆过,病树前头万木春。"[2] 这时,不仅仅是草本植物在生长,木本植物也都开花了。万物生春的那种烂漫,就是人们所喜欢的一派春光。人

1
白居易《钱塘湖春行》:
孤山寺北贾亭西,
水面初平云脚低。
几处早莺争暖树,
谁家新燕啄春泥。
乱花渐欲迷人眼,
浅草才能没马蹄。
最爱湖东行不足,
绿杨阴里白沙堤。

2
刘禹锡《酬乐天扬州初逢席上见赠》:
巴山楚水凄凉地,
二十三年弃置身。
怀旧空吟闻笛赋,
到乡翻似烂柯人。
沉舟侧畔千帆过,
病树前头万木春。
今日听君歌一曲,
暂凭杯酒长精神。

的心要迎合春天，什么叫"沐春风而思飞扬"呢？这个时候人开始生出梦想了，生出豪情了，往往喜欢喝点酒，中国人特别喜欢用"春"字做酒名。过去说酒酿出来以后是黄绿色的，这个颜色不就是春天的青草、芽尖的颜色吗？所以春色似酒。

在很早的时候，《诗经·豳风·七月》里面就有"为此春酒，以介眉寿"，什么意思呢？就是我用这稻谷酿成了春酒，用这个春酒来求长寿。你看那个时候就酿春酒了。李白在《哭宣城善酿纪叟》诗中，追念善酿酒的纪叟，"纪叟黄泉里，还应酿老春"[1]，就算是到了地下黄泉，忘不了的事儿就是酿酒。这里的"老春"就是指酒。"老春"两个字多生动，它有那种蓬勃的劲道，又有那种掩盖不住的豪情。为什么说"花看半开，酒饮微醺"[2]？春天有半开到盛开的花，而人饮酒的时候有微醺到酩酊的情，春与酒之间是有这种关联的。

《月令七十二候集解》[3]说过："立春，正月节。立，建始也。"立春意味着整个春天的开始，一个节气分三候，立春的十五天是哪三候呢？"一候东风解冻，二候蛰虫始振，三候鱼陟负冰。"也就是说东风送暖，

1
李白《哭宣城善酿纪叟》：
纪叟黄泉里，
还应酿老春。
夜台无晓日，
沽酒与何人。

2
这是明代洪应明《菜根谭》中的话。

3
《月令七十二候集解》，旧本题"元吴澄撰"。七十二候，是中国古代结合天文、气象、物候知识指导农事活动的历法。始源于黄河流域。以五日为候，三候为气，六气为时，四时为岁，一年二十四节气共七十二候。各候均以一个物候现象相应，七十二候应的依次变化，反映了一年中气候变化的一般情况。按《礼记·月令》本无七十二候之说，早期相对完整的记载，首见于公元前2世纪的《逸周书·时训解》。

大地解冻。蛰居的虫类慢慢在洞中苏醒。河里的冰开始融化，鱼到水面上游动，此时水面上还有没完全融化的碎冰片。这三候可以说是相当生动地概括了立春节气的特点。

立春节气不仅要迎来春风浩荡，也是一个特别重要的民俗节日。从皇室到民间都取个吉祥，毕竟一年伊始嘛，所以"打春"、"咬春"的习俗一直流传到现在。俗话说的吃春饼，就是"咬春"。民间的老百姓有各种时令小吃，你看烙出来热气腾腾的春饼，里边有卷豆芽的、卷鸡蛋的、卷黄瓜木耳的、卷韭菜的，卷各式各样的菜，咬一口，春天的生机通过饮食就能够让人精神一振。过去生活不好的时候，民间过个节总要吃点好东西，它既表示对节日的重视，同时也是对人的一份犒赏。

汉代的农书《四民月令》[1]里面说过，立春要"日食生菜，取迎新之意"。春天吃什么味道的东西？一说是"春吃芽"，各种新枝嫩叶的芽。另外呢，东汉的时候，应劭的《风俗通义》[2]里面就说，春天要吃点味道重的辛辣菜。过去立春要吃的"五辛菜"是什么？葱、姜、蒜、韭菜、香菜，都是味道很重，咱们现在多

---

[1] 《四民月令》，东汉崔寔著。该书以农业生产以及商业经营的实践经验为基础，推广精耕细作的农业生产方式

[2] 《风俗通义》，东汉应劭著。汉代民俗著作。该书记录了大量的神话异闻，并加上了作者自己的评议，从而成为研究汉代风俗和鬼神崇拜的重要文献

用作调味品。古时候很多人家卷春饼都是要吃这些东西的，要借着自然的新鲜生气，促一促人的精神，排一排五脏六腑里的陈旧晦气。还有一点，五辛这个"辛"既是味道的意思，也谐音"新旧"的"新"，一切都是新鲜的，这不是讨个好口彩嘛！

这一天还要"打春"。你说打春天的哪儿呢？其实是打春天的牛，叫"鞭春牛"。当然不是真牛，是用陶土之类的东西做出来的象形的牛，肚子里边塞满了五谷。大家捶呀打呀，用这么一个仪式，打烂它那个肚子，其实就跟扑满罐似的，稀里哗啦，五谷流淌，大家捡谷穗、捡各式各样的粮食放回到自个儿家谷仓，寓意新年仓满钵满，粮足家富。这个时候还没有春耕，所以"鞭春牛"也是开始要春耕了。

正月初七是个好日子，立春也是好日子，唐代诗人卢仝有一年正好赶上初七那天立春，不由得兴发感慨，写下这样的诗句："春度春归无限春，今朝方始觉成人。从今克己应犹及，颜与梅花俱自新。"[1]春去春来，过了那么多的春天，似乎是有无限的年华。可是人生有限，在属于自己的春天，一定要让自己长大成人。什么叫"克己"？就是要自我管理、自我约束。如果你

---

[1] 出自卢仝《人日立春》。旧俗以农历正月初七为人日，传说这天是人类的诞辰日，民间还把这天叫作"人日节"或"人胜节"。

在人日立春之时，有这样的一种觉悟，一切还来得及。诗人愧对过去蹉跎的岁月，而今幡然悔悟，发誓说我要洗心革面，我的面容要像窗外的梅花一样焕然一新，来迎接一年的新面貌。大家看，春天来了，我们感觉到岁时的更迭、心愿的更替，感觉到大地上万物蓬勃，人开始站在了一个新的起跑线上。

让去年的一切归零，无论它是遗憾的，还是欢喜的。那些遗憾的东西即使再感叹，也来不及了。那些欢喜的东西，再眷恋，它也留在了过去的年光里。一切要从今天开始。在大地上阳气涌动的时候，让我们的努力、我们的希望像破土而出的小草一样开始生长吧。只要我们耕耘，就一定会有收成。我们今天能不能做到"颜与梅花俱自新"呢？给自己一个新的心愿，给自己一个新的容颜，那才真是不辜负这叫"立春"的日子。

扫一扫
听于丹老师讲节气节日

雨水

好雨知时节，
当春乃发生

大家都熟悉杜甫的名诗："好雨知时节，当春乃发生。随风潜入夜，润物细无声。"[1]想想这样的小雨一般是在什么时候？立春过后，大地回暖，万物生长。接下来就要下雨了呀，俗话说"春雨贵如油"，今天咱们就看看雨水这个节气。

雨水是二十四节气中的第二个节气。新年的正月十五前后，太阳到达了黄经330度，雨水节气就到了。这时候，冰雪开始融化，降雪减少，雨夹雪多了起来，也就是说降水量在回暖的天气里逐渐增多了。谚语说得好，"雨水节，雨水代替雪。"你看雨水、谷雨、小雪、大雪，都是反映降雨（雪）量的。《月令七十二候集解》有记载："正月中，天一生水。春始属木，然生木者必水也，故立春后继之雨水。且东风既解冻，则散

---

[1] 杜甫《春夜喜雨》：
好雨知时节，当春乃发生。
随风潜入夜，润物细无声。
野径云俱黑，江船火独明。
晓看红湿处，花重锦官城。

而为雨水矣。"也就是说春天将至，万物萌动，加上水生木这样一个规律，所以立春以后，自然就该下雨了。冬去春来，这是一个节候变化，倒不见得这一天就一定下雨。我们来看看古人对自然界的天气现象，我们熟悉的"雨"字有什么认识。

甲骨文·雨

"雨"的甲骨文有意思吧？这真是造字者的智慧。上面这一横表示天，也可以指云层，雨不都是从云里下来的吗？你看这底下的象形多生动，点点滴滴，就是从天而降的雨水。这雨点有多有少，有大有小，有的排得挺整齐，有的参差不齐，像不像素描的画？将下雨的景象描摹下来，哗哗啦啦下大雨的场景，淅淅沥沥下小雨的场景，都在这里面了，让人一看就有如临其境、如闻其声的感觉。

金文·雨　　小篆·雨

到商代晚期，金文跟甲骨文相比，字形更规整了，甲骨文更像画，现在像字了吧？这一横底下的小雨点笔画有的拉长了，连接起来成了一笔。到小篆的时候，就演化成今天的"雨"字了。

小篆和甲骨文、金文相比，能够看出结构上发生了一点变化。上边那一横，当然还是表示天，是那个云层。所谓天上无云不下雨嘛，那么底下的这个冂（jiōng），兜住的就是积雨云。《说文解字》解释说："雨，水从云下也。一象天，冂象云，水霝其间也。"一横像天，中间的这个门框呢，像云，霝（líng），就是现在"零落"的"零"，表示雨零零落落降下来。"水霝其间"，水从天空的云层之间哗哗啦啦下来了。《孟子·梁惠王上》里面就有对下雨情景的描写，"天油然作云，沛然下雨，则苗浡然兴之矣"，看这三个字用得多好，都是三点水，"油然作云，沛然下雨"，所有的禾苗"浡然而兴"，所以古人有智慧，对天时、对农作物，他们有太多太多生动的形容词。我们看见天上出现厚厚的云层，哗啦啦下大雨的时候，那些禾苗就喝着天上的雨水茂密地生长起来，农民的喜悦也就在这里。

这个"雨"字，表示雨雪从天而降的时候用作名词，读作 yǔ。我们读的诗文里，读作 yǔ 的很多。比如《诗经·豳风·东山》："我来自东，零雨其濛。"我从东山回来，满天小雨雾蒙蒙的。

当然它也可用作动词，表示雨水降落的过程，读作 yù。比如说《诗经·小雅·大田》里，"雨我公田，遂及我私"，老天爷下雨吧，好去灌溉我主人家的公田，顺带着再浇浇我们这些农奴家里的私田。《韩非子·说难》里边也说"天雨墙坏"，雨哗啦啦在浇着，墙就坏了。还有中学课本里贾谊的《论积贮疏》："失时不雨，民且狼顾"，如果失了天时还不下雨的话，老百姓就狼狈了，生活就没保障了。这里边的"雨"就是动词。后来又引申开来，从天上往下像雨一样哗啦啦落下来的都叫下雨。你看《淮南子》[1]里仓颉作书的时候，"天雨粟，鬼夜哭"，小米像雨一样从天上哗啦啦降下来了，这仓颉造字了不起，惊天地泣鬼神。这里"雨"也读作 yù。

后来，"雨"动词的功能逐渐消解了。到中古以后，主要都用作名词了。诗歌里最喜欢歌颂的雨是什么时候的雨？就是现在还很稀罕的春雨。你看咱们开头说

[1]《淮南子》，西汉淮南王刘安及其门客集体编写而成，以道家思想为主，糅合了儒、法、阴阳五行等诸家思想，一般认为它是杂家著作。

杜甫的《春夜喜雨》，"好雨知时节，当春乃发生"，这就是懂事的雨，知道该它来的时候，如约而至。

韩愈的《初春小雨》，是小孩子都会背的诗，"天街小雨润如酥，草色遥看近却无。最是一年春好处，绝胜烟柳满皇都"。你想想，人喜欢这个雨喜欢到什么份上？形容它的那种滋润，把干涸了一个冬天寒冷的大地滋润的呀，用了一个"酥"，人心里边那点酥酥痒痒的喜悦，也就随着天降春雨滋润起来了吧。当然再大一点的雨，像陆游写的《临安春雨初霁》[1]，"小楼一夜听春雨，深巷明朝卖杏花"，我们可以期待雨润鲜花的美景了。苏轼写过一阕词："为向东坡传语，人在玉堂深处。别后有谁来，雪压小桥无路。归去，归去。江上一犁春雨。"[2] 我们发现用的这个量词好，叫作"一犁春雨"。过去的诗人都是很了解农耕的，春天人们喜欢雨，并不是为了写诗抒情，而是因为在春雨中开始犁地，将会有收成、有希望。雨露降临滋润万物，后来就变成了一个比喻，形容对人的熏陶、教育也像春雨一样，这就叫春风化雨。

《孟子·尽心上》里，"君子之所以教者五"，第一种就是"有如时雨化之者"，然后是"有成德者、有

1
陆游《临安春雨初霁》：
世味年来薄似纱，
谁令骑马客京华。
小楼一夜听春雨，
深巷明朝卖杏花。
矮纸斜行闲作草，
晴窗细乳戏分茶。
素衣莫起风尘叹，
犹及清明可到家。

2
苏轼《如梦令·有寄》

达财者,有答问者,有私淑艾者"。这五者,是"君子之所以教也"。说白了,君子教化别人的方式,第一种是要像及时雨滋润大地那样,别人有需求,你就来了。有的时候,孩子们为什么不爱听教化?是因为他心里没需求,甚至他是抵触的。只有被人期待的时候,那个雨才叫及时雨,这才是君子的教育方式。

了解了"雨"字的造字原理以及演变过程以后,咱们回到节气里,看看雨水有什么特点。古人呢,对雨水的三候是这么概括的,"一候獭祭鱼,二候鸿雁来,三候草木萌动"。什么叫"獭祭鱼"?最早是出在《礼记·月令》[1]里,"东风解冻,蛰虫始振,鱼上冰,獭祭鱼"。水獭是两栖动物,能在水里,也能在岸上。它最喜欢吃鱼,捕到的鱼多,它就把鱼都排列在岸上,就好像是陈列祭祀一样。所以古人就说,当你看到那个水獭把捕来的鱼一条条排列在岸上,好像"拜祭"的时候,就是春天真的来了。你想呀,冰块消融了,鱼才能浮出水面,水獭抓的鱼多了,它才能把鱼排在那儿。再过五天,知时节的大雁开始感觉到天越来越热,就要飞回到塞北。至于说草木萌动,这个最容易理解,春雨下得多了,草木随着地上的阳气蒸腾,开始抽嫩芽了,大

[1] 儒家经典《礼记》中的一篇。月令是上古一种文章体裁,按照一年十二个月的时令,记述政府的祭祀礼仪、职务、法令、禁令,并把它们归纳在五行相生的系统中

地欣欣向荣的景象不就开始出现了吗?

雨水节气,民间有好多习俗。在四川,到了雨水的时候,女婿女儿要回娘家,由姑爷给岳父岳母送礼,比如说送藤椅,上面缠着长长的红带子,这叫接寿,就是祝岳父岳母长命百岁。当然这个时候还会送"罐罐肉",用猪蹄跟大豆、海带等炖好了,用红纸、红绳封上,给老人家送去。父母养了女儿不容易,借此表示一下感谢和敬意。大家现在可能会说家里面吃个炖菜、吃个肉,如今都已经是很普遍的现象了。但是你要想,在物质不那么发达的时候,人们是借着节气表示心意的,所以这个女儿女婿扛着椅子、端着罐子回一趟门。临走的时候,岳父岳母给什么?要回赠雨伞,让他们回去这一路上能遮风挡雨、平平安安。我挺喜欢过去这些老理儿,因为它代表着人们对节令的重视,代表人们对于亲人的一种在意和祝福。

那么我们今天还有什么要注意的呢?有句话叫春捂秋冻,虽然说开始下雨了,但现在外面还是挺凉的,一早一晚还是不能脱棉衣的。俗话说得好,"二月休把棉衣撇,三月还有梨花雪",人想要平稳度过季节的转换,春天还得捂着点。雨水前后北方的冷空气活动还是挺频繁的,有的时候碰上寒凉天气,还真是雨夹雪一场一场的,你看这个词多美,叫"梨花雪"。阳气生发,冷热交替的时候,咱们老说"二八月乱穿衣",能注意一点保暖的话,就能远离伤风感冒。

《黄帝内经》[1]里边说:"春三月,此谓发陈。天地俱生,万物以荣。夜卧早行,广步于庭,披发缓行,以便生志。"也就是说春天万物都复苏了,人应该稍晚一点睡,但是要早起,经常到户外运动,别大跑大跳,要缓缓散步,让自己能够跟上天时调养身心。咱们现在一到春天就防流感,流感这东西越来越厉害了,还出现很多我们以前没见过的病菌。其实按中医的说法,任何一个季节更迭的时候,人都应该要顺应天时,让自己的整个机体跟着季节的变化有一次新的生发。也许这些老理儿里面藏着的就是中国人的科学。

当然,春天也是一个诗意盎然的季节。随着雨润万物,寒冷的天气逐渐远离,春风拂面,温暖的阳光普照大地,我们心里是不是开始有一些酥酥的愿望、一些美美的风景,随着我们张开的眼睛,逐渐都被唤醒了呢?干涸了一冬天,我们的思维、我们的神经、我们的皮肤似乎都太干燥了。那么雨水来了,让雨水滋养一切吧,大地开花了,我们的心里是不是也能开花呢?

---

[1] 《黄帝内经》是中国最早的典籍之一,也是影响极大的一部医学著作。相传为黄帝所作,因以为名。但后世较为公认此书最终成型于西汉,作者亦非一人,而是由中国历代黄老医家传承增补发展创作而来。

惊蛰 · 春雷响，万物长

俗话说"春雷响，万物长"，意思是说春天到了，听见春雷有响动了，天气回暖了，万物开始萌芽生长。大家说，多快啊！一晃就到春天了。那些严寒季节躲在土底下或者石洞里蛰伏起来的动物，都被春雷惊着了，它们苏醒过来，慢慢舒展活动，往外走迎接春天。所以这个节气名字真生动，蛰虫惊而出走，就叫惊蛰。它是二十四节气中的第三个节气，标志着仲春[1]时节的开始。春已经浓了，生物都开始往外走了，咱们还是回到文字里，看看惊蛰的命名和它的节气文化吧。

关于惊蛰的节日解释，《月令七十二候集解》里边说："二月节，万物出乎震，震为雷，故曰惊蛰。"农历二月春雷乍动，蛰伏在土壤里的小虫子都被惊醒，冬眠结束了，天时变了，蛰虫惊而出走。因为欢欣，生命

---

[1] 仲春即春季的第二个月，即农历二月。春季三月，第一月为孟春，第三月为季春。

动起来了。

晋代大诗人陶渊明形容惊蛰时候节气变化,他说:"促春遘(gòu)时雨,始雷发东隅。众蛰各潜骇,草木纵横舒。"[1]"遘"是什么?就是遇到的意思,时雨就是应时的好雨、春雨,所以这几句就是说,到了春意浓浓的仲春时节,春雨应时而降,春雷阵阵。"众蛰",那些冬眠的各类昆虫,原来是藏着的,这个时候一下子惊了,开始往外走了,草木纵横滋长,舒展开来。

小篆·惊

大家想想寒冬以后,一声惊雷唤醒万物,万物竞相生长,这是多么美好的景象。当然我们今天讲文字,还得从最早造字的繁体字看。你看惊吓的惊(驚),繁体字上半部分是今天敬爱的"敬",下面是什么?是"马"。《说文解字》解释说,"惊,马骇也",也就是说"惊"原来是指马吓着了。我们今天经常说骇人听闻、惊涛骇浪、惊世骇俗,什么叫"骇",你

[1] 陶渊明《拟古九首》其三:仲春遘时雨,始雷发东隅。众蛰各潜骇,草木纵横舒。翩翩新来燕,双双入我庐。先巢故尚在,相将还旧居。自从分别来,门庭日荒芜。我心固匪石,君情定何如?

看这个"骇"字也从马。《说文解字》说:"骇,惊也。""惊"跟"骇"两个字,都形容马突然吓着了、狂奔的样子。

你看有惊弓之鸟,这是鸟惊了;打草惊蛇,这是蛇惊了。惊天动地,天地也可以惊动,而人惊魂未定、宠辱不惊或胆战心惊,"惊"字可以说是从马而扩大到所有可知可感的内心。

小篆·蛰

咱们再来看"蛰"字,《说文解字》的解释是"藏也,从虫,执声"。"蛰"是虫字底,各类昆虫冬眠时藏起来不动,保存体力,节约能量,熬过这个冬天再出去觅食,这种状态就叫"蛰"。段玉裁注解《说文》也说"凡虫之伏为蛰",就是说"蛰"专门形容虫类藏起来的样子。

每一节气有三候,惊蛰的三候是"一候桃始华,二候仓庚鸣,三候鹰化为鸠"。"华"就是开花的意思。"桃始华"就是桃花开始绽放了,我们看得见,"桃之夭夭，灼灼其华"[1]，就是桃花开的时候一树一树粉红色的花，桃花在二月开始萌发，这时候当然还没有开到那么浪漫。"仓庚鸣"是什么？就是我们听得见，黄鹂鸟在这个时候开始叫了。《诗经》里写"仓庚于飞"、"有鸣仓庚"，其实都是说黄鹂鸟在这个时候开始叫了。"仓"的意思就是清，"庚"的意思就是新，此时此刻阳春清新之气蓬勃而来，听着清伶伶的小鸟叫声，人心多么欢畅啊！你看《牡丹亭》[2]里面，杜丽娘游园的时候，她说"闲凝眄兀生生燕语明如剪，听呖呖莺声溜的圆"。如果没有了这样的声音，怎么能像一个春天呢？再过五天"鹰化为鸠"，鹰本来是凶猛的大鸟，惊蛰前后动物都开始繁殖了，这个时候鹰悄悄躲起来养育后代了，而本来安静的鸠却开始鸣叫求偶了。大家没看到鹰，不知道它躲起来了，就觉得周围的鸠怎么一下多了起来，所以大家就说，鹰化为鸠了。你看多有意思，这个时候人是关心动物的。当然人们在春天更关心植物。你看春天是有花信的，惊蛰三候的花信，一候桃花，二候杏花，三候蔷薇。我们可以期待姹紫嫣红开遍的满园春色了。

民间有一种说法，这个时候祭白虎，可以化解是

---

[1]《诗经·周南·桃夭》：
桃之夭夭，灼灼其华
之子于归，宜其室家
桃之夭夭，有蕡其实
之子于归，宜其家室
桃之夭夭，其叶蓁蓁
之子于归，宜其家人

[2]《牡丹亭》，明代汤显祖的代表作，也是他一生最得意之作全名《牡丹亭还魂记》，改编自明代话本小说，描写杜丽娘和柳梦梅的爱情故事。

非。吃梨、蒙鼓皮、打小人,都是这时候的一些讲究。

所谓祭白虎,就是在纸上画出白老虎,然后用生猪肉之类的东西抹在老虎的嘴上,告诉它充满油水了,就不能张嘴说人是非了。这样看来,其实自古而今,论人是非都是个毛病。

这时的天气还是乍暖还寒,春天有各种病菌,口干舌燥,容易咳嗽感冒。那怎么消咳呢?就是惊蛰吃梨,梨可以生吃,也可以蒸着吃、煮着吃,当然也可以榨汁,也可以煮水。

为什么要蒙鼓皮?我们现在打鼓的时候少了,因为没有那么多民间民俗,过去大家要一起闹个社火,舞个灯,舞个龙,咚咚咚要打鼓。往鼓上蒙皮这个季节,一定要在惊蛰。你想鼓声咚咚像什么?像春雷。惊蛰的时候最典型的天气是打雷。过去有人说"未过惊蛰先打雷,四十九天云不开",也有说"一阵催花雨,数声惊蛰雷"。这个时候就是应该有惊雷的。那怎么解释呢?古人认为天上雷鸣,就是有一个拟人化的雷公,它乒乒乓乓在那儿敲鼓,所以这声音就越来越大。你还能在想象中描述这个雷神,应该是长着鸟喙、人身,还有大翅膀,一手持锤,另外一只手击打环绕周身的很多个鼓,就像一个人指挥一支鼓乐队一样,才会有咚咚的雷声。

那么惊蛰这一天,天庭有雷神击天鼓,人间也有鼓这么一个乐器,也需要鼓舞人心,那就等着这个时节蒙鼓皮吧。当然从季节上来讲也合理,因为你想想看,寒冬的时候,动物的皮太硬;到了盛夏的时候,天降雨水,里面含的潮气太多,鼓声就发闷发沉。只有在春天水分是相当的,而天上又有雷声,把这个鼓给绷上,你想一想,这是多好的时节啊!

甲骨文·雷　　　金文·雷

说到天神打雷,咱们就顺带说说这个"雷"字。你看甲骨文和金文的"雷"写得特别有意思,是不是都像闪电,哗啦啦地穿过两个或者四个车轮子形状的东西?古人真聪明,他能把一种声音描绘成图形。造字之初,古人认为雷是跟着闪电来的,天神驾车,临空而过,接着轰隆隆的那个声音就来了,它是雷声,也是天神驾车过去、车轮子碾过的动静。哗哗的闪电就好像是天神甩着鞭子，然后是轰隆隆的轮子碾过去。这就是《淮南子》里面说的"电以为鞭策，雷以为车轮"，这样就把这个字是怎么回事给解释清楚了。

归根结底，民间蒙鼓皮的习惯，是人们不仅意识到百鸟百虫的生态与四季运行的规律，就连万物灵长的人类，也得顺天应物，也得听着天上的雷声耕耘地下的土地。所有生命的生发跟上春天才是这个时候的正理。

也许惊蛰是一个和春天结缘的好时光。我们都去看看自然，让自己有更多飞扬的理由，让自己遇到更多春天的诗意。

扫一扫
听于丹老师讲节气节日

春

东风解冻,
蛰虫始振,
鱼陟负冰。

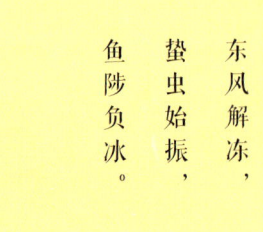

立春

獭祭鱼,
鸿雁来,
草木萌动。

雨水

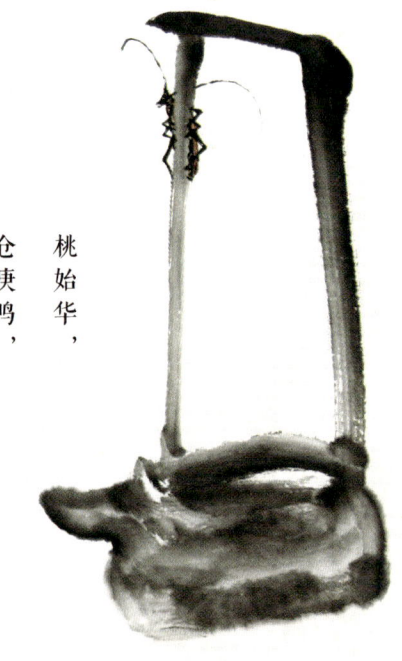

桃始华,
仓庚鸣,
鹰化为鸠。

惊蛰

玄鸟至，
雷乃发声，
始电。

春分

萍始生,
鸣鸠拂其羽,
戴胜降于桑。

谷雨

春度春归无限春,今朝方始觉成人。
从今克己应犹及,颜与梅花俱自新。

唐·卢仝《人日立春》

春分 · 忙趁东风放纸鸢

农历二月,"春雨惊春清谷天",春分在这个时候到来了。在春天的六个节气中,春分刚好是一半。徐铉在诗里说:"仲春初四日,春色正中分。"[1] 我们今天就来了解一下"春分"是个什么节气。

"春"字,咱们在立春的时候已经说过了,它就是指一年四季中生机蓬勃的第一个季节,"春"字的整个字形就像一幅大地回春图。

金文·春　小篆·春

《公羊传·隐公元年》[2]有云:"春者何?岁之始也。"什么是春天?"一年之计在于春。"一年的希望

[1] 徐铉《春分日》:
仲春初四日,春色正中分。
绿野徘徊月,晴天断续云。
燕飞犹个个,花落已纷纷。
思妇高楼晚,歌声不可闻

[2]《公羊传》,又称《春秋公羊传》,相传为子夏的弟子、战国时齐人公羊高撰,是一部专门解释《春秋》的儒家典籍,与《左传》《谷梁传》合称"春秋三传"

都是随着开始的季节蓬蓬勃勃长起来的。那么从开始立了春，一点一点走到春浓处，就到了春分两半时。

《月令七十二候集解》中说："二月中，分者半也，此当九十日之半，故谓之分。"三个月不正好九十天吗？正到一半的时候，春天从中间分开，也就是我们常说的"别来春半，触目柔肠断"[1]。春到一半时，我们来看看"分"的字形：

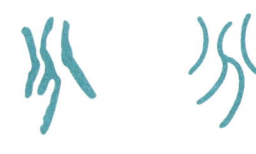

甲骨文·分　　　小篆·分

《说文解字》解释说什么叫"分"呢？"分，别也。从八从刀，刀以分别物也。"上面这个"八"的字形，不就是分两半了吗？下边是"刀"，也就是用刀把这个东西分成两半。那大家要说了，"八"现在是个数字，连小孩都知道这样一笔分开是"八"，它怎么能解作分开呢？

甲骨文·八　　　小篆·八

1 李煜《清平乐》：别来春半，触目柔肠断。砌下落梅如雪乱，拂了一身还满。雁来音信无凭，路遥归梦难成。离恨恰如春草，更行更远还生

"八"的甲骨文字形，两画向背，向两边张开，表示这个东西分成两个方向了。到小篆，字形演变成这个样子，像不像背靠背的两个人呢？也就是说两个人往不同的方向走了，这是不是分别？《说文解字》解释说："别也，象分别向背之形。"两人各走各的方向。

所以"八"字的本义就是分别，后来被借用表示数字。高鸿缙在《中国字例》里面就说过："八之本义为分，取假象分背之形……后世借用为数目八九之八，久而不返，乃加刀为意符作分。"也就是借用的时候久了，它的本义大家找不着了，所以下面加了一个"刀"字。现在我们看到这个"分"，在"春分"里面当作一半讲，就是平分之意。

春分是反映四季变化的一个重要节气，每年大概阳历的3月20日到21日，太阳到了黄经0度。我们常说立春是节气之始，也有人说冬至是节气之始，但是要从太阳黄经来讲，春分正好是黄经0度，阳光笔直地照在赤道上。而后阳光直射的位置逐渐北移。我们处在北半球，昼长夜短，天气一天比一天暖，恰恰就从春分开始。所以春分还有天文学的意义，南北半球昼夜平分，各为12个小时。

其实春分在古代还被称为"日中"、"日夜分"。董仲舒,我们知道他写了《春秋繁露》[1],在《阴阳出入上下篇》里他说:"至于仲春之月,阳在正东,阴在正西,谓之春分。春分者,阴阳相半也,故昼夜均而寒暑平。"我们知道阴阳相半、寒暑相平这样的日子一年其实有两个,一个是春分,另一个是秋分。"春分秋分,昼夜平分",这是老百姓的说法。董仲舒写《春秋繁露》,他从春秋里衍发深意,产发阴阳五行之说,比赋自然人世,创立了天人感应的思想体系。他眼中的阴阳平分、昼夜平分,当然就有更深的哲学意义了。我们现在除了这种天文学的意义,更多看的是春分对农耕的指导。因为原来农耕民族靠天吃饭,人们要观察动物、植物的变化。

春分有三候,"一候玄鸟至"。玄鸟是什么?"小燕子穿花衣,年年春天来这里",其实不就是小燕子吗?古人写得好,"无可奈何花落去,似曾相识燕归来"[2]。燕子选在春分的时候归来,秋分的时候离去。"燕来还识旧巢泥",它还会找它的老窝。燕子的古名就叫玄鸟,而且它很古老,是上古殷商民族的图腾。

传说里,殷商始祖契的母亲简狄就是吞了燕子蛋怀

---

[1] 《春秋繁露》,西汉哲学家董仲舒撰,是一部以阴阳五行、黄老之学为骨架,以天人感应为核心的政治哲学著作

[2] 宋·晏殊《浣溪沙》:一曲新词酒一杯,去年天气旧亭台。夕阳西下几时回?无可奈何花落去,似曾相识燕归来。小园香径独徘徊

孕的，所以殷人都把燕子跟吉祥、生育联系在一起。你看《史记·殷本纪》："三人行浴，见玄鸟堕其卵，简狄取吞之，因孕生契。"也就是说燕子蛋掉下来了，简狄把燕子蛋吃了就怀了契。

这第一候玄鸟回来了，儿歌要问一问："我问燕子为啥来？燕子说，这里的春天最美丽。"你看，多美呀！要到春半之时，燕子才来。

"二候雷乃发声。"春分过了第一个五天，雷声就隆隆大震了。中国人认为雷声是阳气之声。春分之候第二候，天地之间有这样的声音，天雷惊动地火，大地要开始蓬勃起来了。到秋分以后，雷入地就无声了。你看中国人的观念多有意思，春分的雷出地发声，秋分的雷入地无声。春天里一切在向天空招展，而秋天的一切在向大地回归。从天到地，一年四季，这是一个大循环。尽管都有雷声，但在观念上是不一样的。

"三候始电。"在最后的这五天，电闪雷鸣，那轰隆隆的雷声里面，雨水降落。这大概就是李清照写的"知否，知否？应是绿肥红瘦"[1]。这个时候，人心的欢喜已经融入了浓浓的春天。

春天有很多仪式，春分是重要的祭祀庆典。从周代

[1] 李清照《如梦令》：昨夜雨疏风骤，浓睡不消残酒。试问卷帘人，却道海棠依旧。知否，知否？应是绿肥红瘦。

开始,帝王们就有春天祭日、秋天祭月的习惯。所以我们才有日坛、月坛。《帝京岁时纪胜》[1]里记载:"春分祭日,秋分祭月,乃国之大典,士民不得擅祀。"这件事情还必须由天子领着,老百姓随便祭祭日月那是不允许的。现在北京朝阳门外的日坛,就是明清两代皇帝在春分这一天祭祀太阳神的地方,那个时候还叫大明神。祭日虽然比不上祭天祭地,但仪式也是极为隆重的。我们今天老说古人不懂科学,但你看他们祭天地、祭日月、祭农耕,他们对自然多么敬畏,怀着那样一种庄严的恭敬心,去呼唤天人感应,去顺天应物。

当然了,春分民间也有好多好玩的活动。"春分到,蛋儿俏。"民间流行春分这天竖鸡蛋。我们都知道鸡蛋容易滚,但它能够立得住吗?我们现在有时候也会看见有些乡村的小孩把鸡蛋头朝下,要让它立住,那必须得是新鲜的鸡蛋。我们知道鸡蛋稍微放沉一点,大头那边就空了,所以能立得住的鸡蛋一定是新鲜的。这个习俗后来被华侨带到了海外,成为世界性的游戏。春分的时候很多人家还要送春牛图,因为要让春牛耕地,祈祷收成。一边送图,一边还要唱唱春耕的吉祥话,这就叫说春。这些送春图、唱春的人就叫春官。

---

[1] 《帝京岁时纪胜》,清潘荣陛编撰。所记皆为作者耳闻目睹,或亲身经历,属北京人记北京风土,资料翔实可信。此书是迄今所见清代第一部北京风俗志书。

春意一天天浓了,白昼长起来了,蝴蝶翩翩飞舞,人被烤得暖暖的。心中春意苏醒了,是慵懒的,也是美好的。你看在我们国家大部分地区,除了青藏高原,还有东北、西北的一些地方,基本上都进入明媚的春天了。杨柳青青、莺飞草长,小麦拔节了,油菜花大片大片泼洒在大地上,这个时候是不是踏春的好时节?春分来了,带着孩子出去放风筝吧,也让现在的儿童"忙趁东风放纸鸢"[1],别负了春天跟孩子的约定。

[1] 清·高鼎《村居》:草长莺飞二月天,拂堤杨柳醉春烟。儿童散学归来早,忙趁东风放纸鸢。

扫一扫
听于丹老师讲节气节日

清明

清明时节雨纷纷

清明了,又到了一年中"清明时节雨纷纷,路上行人欲断魂"[1]的时候。说起来,清明节很特别。一方面,它是二十四节气之一;另一方面,它又是中国传统中最大的祭祀节日。节气与节日合一,是中国文化里一个特殊的现象。

"万物生长此时,皆清洁而明净,故谓之清明。"你看,多美的一个名字。清明是个好时候,不仅天地之间有风景,人心中的一些东西也逐渐显现出来了。

小篆·清

我们来看这个"清"字,一看就知道从水,右边是

[1] 杜牧《清明》:
清明时节雨纷纷,
路上行人欲断魂。
借问酒家何处有?
牧童遥指杏花村。

它的声符"青"。《说文解字》解释说:"朖(lǎng)也,澂(chéng)水之貌。""朖"其实是今天明朗的"朗"字,而"澂"就是今天澄明的"澄"字。所以"清"也就是清朗、干净的水的样子。我们今天说的清水,用的就是它的本义。

甲骨文·明

至于"明"字,我在另一本《于丹趣品汉字》的"光明"一节里已经详细讲过,这次简单说一说。甲骨文的"明"字和今天我们写的"明"字还不太一样,左边不是"日",而是"月",右边画的就像是一扇窗户。

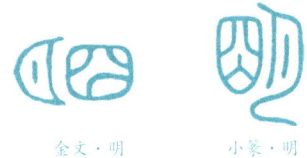

金文·明　　小篆·明

到了金文和小篆,月亮的形态变化不大,可窗户的样子就逐渐变得像"囧"字了。《说文解字》解释说:

"明，照也。从月从囧。"这个"囧"字当然不是今天的网络用语，它其实是一种象形用法，是雕花的窗户的形状。月光透过窗户照进来，就是"明"。明朗、明亮，就是"明"字的本义。所以清明节气的命名用的是"清"和"明"的本义，清明时节，气候清爽，景物明朗。

作为一个节气，清明三候是什么呢？"一候桐始华，二候田鼠化为鴽，三候虹始见。"什么叫"桐始华"？就是白桐开花了，白桐树开花是清远的、幽香的。这个时候岂止白桐花，各种花都竞相开放了，所以就用白桐开花代指花开。"二候田鼠化为鴽"，田鼠怎么都钻到洞里不出来了呢？然后树梢上，小鸟怎么飞了呢？这个说法，其实带一点想象力。因为这个时候，天气开始热了，田鼠躲在阴凉的地方不出来了，而小鸟反倒很高兴地到处飞，"田鼠化为鴽"就这么出来了。"三候虹始见"，天上的彩虹在这个时候出现特别多，春天，来一阵暴雨的涤荡，雨后天晴，美丽的彩虹就映出来了。所以清明其实是一个浪漫的时节，你可以看见天空上最美丽的风景。

节气就是节气，怎么变成节日的呢？有人说清明祭祖起源于古代帝王将相墓祭之礼，民间后来仿效帝王，才逐渐兴起，久而久之就沿袭下来。也有人认为清明祭祖跟寒食节有关。

大家都知道，春秋时候晋公子重耳为了逃避迫害，流亡到国外十九年。在长长的流浪过程中，他的随从怎么都找不到吃的。大家万分焦急的时候，他的随臣介子推从自己的大腿上割下来一块肉，煮了一碗肉汤给重耳喝了。后来重耳发现介子推居然割自己的肉救他，心里就很感恩。

等到公子重耳终于成为历史上著名的晋文公以后，他当然要重赏当年伴随他流亡的这些重臣。唯独介子推悄悄收拾好行装到绵山里去隐居了。晋文公心里过意不去，就去请介子推。但是绵山山高路远，树木又很茂密，大家怎么找都找不着，介子推带着他的老母亲也不出来。最后就有人出了一个下策，三面点山火，留一条通道，想用火逼介子推出来，接受封赏去做官。但是大伙儿烧遍绵山也没见介子推出来。火熄之后，大伙儿才发现背着老母亲的介子推已经在一棵树底下被烧死了。

晋文公觉得自己实在是太对不起这个人了，为了纪念介子推，他定了这样一个日子为寒食节，禁烟火，家家户户只能吃冷食。这一天就变成了一个隆重的祭奠节日。后来寒食节因为跟清明离得近，逐渐就合二为一了。严格来讲，清明原来是节气，寒食是节日，这样一来，清明节就兼具了节气和节日双重的意味。清明节作为一个传统的节日，就多了慎终追远的意味。后来百姓们也在这天追悼先人，表达追思。

清明是忧伤的，因为人在这个时候要去追忆。明代《帝京景物略》[1]里记载："三月清明日，男女扫墓，担提尊榼，轿马后挂楮（chǔ）锭，粲粲然满道也。拜者、酹者、哭者、为墓除草添土者，焚楮锭次，以纸钱置坟头。望中无纸钱，则孤坟矣。"到清明的时候，要去上坟，给坟墓除草，打扫垃圾，献上鲜花，焚烧字钱，摆放供品，还要把一杯一杯的酒洒在那儿，跟祖先说说话，报告一下自己的情况，表达自己的追思。明代的记载很详细，但其实这种仪式在秦以前就有，到了唐代开始盛行。祖先崇拜是中国传统文化里一个重要的心理特征。因为我们的文化是以儒家思想为主导的，儒家认为生死是一件大事。《论语·学而》："曾子曰：'慎终追远，民德归厚矣。'"也就是说能够慎重办理父母的丧事，虔诚祭祀过世的祖先，那么民风就能逐渐归于淳厚，人们就能少做错事。

---

[1] 《帝京景物略》，明朝人刘侗、于奕正撰，是一部集历史地理、文化和文学三者于一体的著作，详细记载了明代北京城的风景名胜、风俗民情

甲骨文·终　　金文·终　　小篆·终

你看，慎终追远的"终"，甲骨文像不像一束丝，两头绑着结。到了西周晚期的金文，两头还是有结的，但是到了小篆的时候，就变成一个从糸(mì)冬声的形声字。《说文解字》解释说："终，絿(qiú)丝也。从糸冬声。"也就是说"终"就是把丝缠紧的意思。纺出来的丝两头打上结，这事完成叫作终了。

你看中国人用终身、终生，但是一般不用"死"字，因为大家忌讳，所以当一个人生命结束的时候，我们怎么说？就用"终"来代替。陶渊明在《桃花源记》里说："南阳刘子骥，高尚士也，闻之，欣然规往。未果，寻病终，后遂无问津者。""病终"是什么呀？就是说南阳人刘子骥他想要去桃花源，还没去成呢，就因病去世了，后来也就没人再去了。所以我们说"慎终"，把父母的丧事看得非常重要，死者为大，能够恭敬地对待父母，同时追慕祖先的美德，规范自己当下的行为。

当然除了扫墓，清明还有其他的一些习俗。比如说寒食、踏青、植树、荡秋千、打马球、插柳条。你说这个日子，大家本来心里是很肃穆的，为什么还有这么多活动？因为寒食节禁火，吃凉食，怕伤身伤胃，让大家多多运动，有助于身心的平衡。再加上清明春回大地，这个时候一片生机蓬勃，踏青就是这样来的。

"清明时节雨纷纷"，这是家家户户的童蒙教材，很多人从小的时候就会背的。但是在这个时候，如果让我们念起来，你可以找到另外一种节奏吗？比如说"清明时节雨，纷纷路上行人，欲断魂。借问酒家何处，有牧童，遥指杏花村"。一首绝句是不是可以断成一阕词呢？中国的音韵，有它内在的跌宕；中国的节日节气，有它内在的道理。不管走到哪个节气、哪个节日，只要我们肯静下心来，好好揣摩它的习俗，好好吟诵当时的诗词，总会找到我们的心跟此刻的一种关联。何况这是我们都熟悉的清明，我们都有自己的先人，这样的节日里，既有慎终追远的庄严，又有风清景明的欢畅，让我们把这样一个特定的时节真正过出特定的意味来。

扫一扫
听于丹老师讲节气节日

谷雨 · 花开时节动京城

在细雨绵绵、淫雨霏霏的清明节过后,迎来了春天最后一个节气,那就是谷雨。谷雨时节,正是"杨花落尽子规啼"[1]的时候,在中国南方地区,柳絮飘飞,杜鹃鸣啼,牡丹吐蕊,樱桃红熟,种种景象都告诉人们,时至暮春了。俗话说:"清明断雪,谷雨断霜。"谷雨节气标志着天气要转热了,这特别有利于谷物的生长,可以说是播种、移苗、种瓜、点豆最好的时候。谚语说:"谷雨下秧,大致无妨。"说明谷雨与农忙有关。谷雨,顾名思义,即雨生百谷之时。

先从"谷"说起,咱们现在有时候说的"四体不勤,五谷不分",出自《论语》,还真是批评孔夫子的。那我们今天的人分得清五谷吗?五谷指的是黍、稷、稻、麦、菽。黍就是我们说的黄米。稷,就是谷

---

[1] 李白《闻王昌龄左迁龙标遥有此寄》:杨花落尽子规啼,闻道龙标过五溪。我寄愁心与明月,随风直到夜郎西。

子,北方作物。《说文解字》里说稷是"五谷之长",五谷中最重要的,所以周人才把他们的始祖农神尊称为后稷。稻,大家都认识,产大米的水稻。麦,大家也认识,现在我们做馒头、做面包的小麦,还有燕麦、藜麦都属于这一类的。菽是什么?就是豆子,在战国以前,豆子都被称为菽。那豆原来是什么?"豆"字原本是一种器皿,一个酒器、礼器。这么说来,"谷"其实就是所有这些粮食作物的通称,原来的字形写作"穀",今天和表示山谷的"谷"合并了。

小篆·穀

《说文解字》解释说:"穀,百谷之总名。从禾殼(qiào)声。"意思是说这个"穀"是一个形声字,"禾"是它的形旁,表示所有的谷物都跟禾苗有关。"殼声"是怎么回事呢?清代段玉裁在《说文解字注》解释说它是"穀必有稃(fū)甲,此以形声包会意也"。也就是说这个声旁不仅表音,还能表意,因为谷类大多都有坚硬的外壳、外皮包裹着。你看稻子、麦子、谷物外头不都有层皮吗？现在为什么要脱粒呢？就是要把那个壳给脱下去。所以"殼"不仅表音，还有外壳的意思，谷物的外壳要被脱下去才是粮食。

百谷养人，后来"穀"就引申出养活的意思。《诗经·小雅·甫田》里："以祈甘雨，以介我稷黍，以穀我士女。"天上下雨吧，让庄稼丰收吧。给我些粮食吧，来养活我的这些百姓。种庄稼要祈雨，百谷是人们赖以生存的主食，所以"穀"还有生存、活下来的意思。比如《诗经·王风·大车》"穀则异室，死则同穴"，活着的时候在不同的地方，死后要埋在一起，这就是"穀"引申为活着的意思。你看看这个"穀"，原来不仅写得复杂，它的意思也好复杂。说白了，人活一口气，要吃五谷杂粮，没了粮食，怎么活呀？后来呢，这么复杂的一个"穀"，逐渐就演变、合并为简单的"谷"了。

谷雨为什么百谷生长呢？《群芳谱》里面说："谷雨，谷得雨而生也。"《月令七十二候集解》说得更清楚："三月中，自雨水后，土膏脉动，今又雨其谷于水也。"大家看，这个"雨"为什么读作 yù 呢？因为它在这里用作动词，就是下雨的意思。"雨其谷于

1
《群芳谱》，明王象晋撰，全书30卷，40余万字，内按天、岁、谷、蔬、果、茶竹、桑麻葛棉、药、木、花、卉、鹤鱼等12个谱分类，对每一植物都详叙形态特征，是此书的特点。

水",这个时候天上哗啦啦开始降水了,养活了田里头的那些秧苗。这些刚插的秧苗,最开始生长的时候,当然需要天上下雨滋养。南方大部分地区这个时候降雨都还是比较丰沛的。每年第一场大雨往往出现在谷雨前后。而在它之前呢,我们总说"春雨贵如油,下得满地流"。那雨都下得不透彻。春夏之交,一个典型的特征,就是雨能下透了,对水稻、玉米、棉花都是非常有利的。

谷雨也分三候:"一候萍始生,二候鸣鸠拂其羽,三候戴胜降于桑。""一候萍始生",萍,浮萍,就是水草,因为跟水相连、相平,所以你看"萍"字的写法,既有水,又有草,又取平音,这就是水草嘛。这个时候,雨量多,水位上涨,浮萍就开始生长。"二候鸣鸠拂其羽",鸣鸠是什么?就是成天"布谷布谷"叫的那个布谷鸟。这个时候它开始梳理自己的羽毛,提醒大伙儿要播种了。"三候戴胜降于桑",戴胜是一种头顶有黄白细纹的小鸟,戴胜会飞到黄河、长江流域一带,常常栖息在桑树上,所以谷雨前后桑树上见到戴胜出没了。所有的三候,都是从植物、动物来看大地生养万物的特征。人其实也是在植物、动物身上找到自己的节奏。

那么在谷雨节气有什么习俗呢？流传比较广的活动，就是喝雨前茶。当然谷雨也是吃香椿的时候，也是赏牡丹的时候。这个时候喝茶，既是文人雅士之间的仪式，也是老百姓清火明目的一种习俗。很多人家开始炒香椿芽了，这个时候的香椿真是香，有的人甚至舍不得用它炒鸡蛋，就把它掐下来，用开水焯一下，拌一拌，满桌都是清香。这个时候的香椿，用诗人的话说叫"雨前香椿嫩如丝"，丝丝缕缕入口即化，香味悠长。谷雨的时候呢，很多地方要开始赏牡丹了，"庭前芍药妖无格，池上芙蕖净少情。唯有牡丹真国色，花开时节动京城"。[1] 我们都知道这是咏牡丹的名句，不管和什么花相比，还是牡丹最好。芍药太妖艳，荷花太清淡，只有牡丹雍容华贵。牡丹花期一般在三月，谷雨的时候是它绽放的最佳时节。

牡丹还有个小名，就叫谷雨花。"谷雨三朝看牡丹"，谷雨赏牡丹是绵延千年的传统，也有在夜里掌灯赏牡丹花会的。清代的时候，就有这样的诗："神祠别馆筑商人，谷雨看花局一新。不信相逢无国色，锦棚只护玉楼春。"[2] 现在一到这个时候，山东菏泽、河南洛

1
唐·刘禹锡《赏牡丹》

2
见清人顾禄《清嘉录》卷三

阳、四川彭州还会举行牡丹花会，供人们游乐聚会。

所以呢，谷雨是个欢畅时节，饮茶赏花，所谓赏心乐事不过如此。每到这个时候，我都会想起唐代李涉那首著名的《题鹤林寺僧舍》："终日昏昏醉梦间，忽闻春尽强登山。因过竹院逢僧话，偷得浮生半日闲。"这浮生半日闲才是真美好。

谷雨真是个好时节，春天快要过去了，夏天就要来了，出去赏一赏暮春的风光吧！或许还可以看见牡丹，在这样的暮春颜色里涤荡一下天地精神，像庄子说的那样："独与天地精神往来。"

扫一扫
听于丹老师讲节气节日

大暑　小暑　夏至　芒种　小满　立夏　夏

立夏

黄梅时节家家雨，
青草池塘处处蛙

宋代的赵师秀有一首非常有名的《约客》："黄梅时节家家雨，青草池塘处处蛙。有约不来过夜半，闲敲棋子落灯花。"多悠闲的境界呀，外边淅淅沥沥下着雨，黄梅时节听着池塘里处处都是蛙声，等朋友还不来，一个人"闲敲棋子落灯花"。这时节春尽夏来，天也暖和了，心情也越来越轻盈了。明代高濂在《遵生八笺》[1]里评立夏："孟夏之日，天地始交，万物并秀。"你看，立夏是个好时节吧。

今天我们还是回到汉字角度看看"立夏"这个美丽的时节。每年公历5月5日、6日的时候，太阳到了黄经45度，就到了立夏。这是二十四节气里的第七个节气，表示春天结束，夏天开始，所以立夏又叫"春尽日"。立夏这个节气很早，战国末年的时候就已经确立

---

[1]《遵生八笺》，明高濂辑录，八笺为清修妙论、四时调摄、起居安乐、延年却病、饮馔服食、灵秘丹药、燕闲清赏、尘外遐举，内容包括情志、季节、饮食、起居、气功，以及清赏逸事等养生保健的理论与方法

了，它标志着由春到夏的季节转换。

《月令七十二候集解》中说："立，建始也。夏，假也，物至此时皆假大也。"这个"假"，在这儿解释为"大"。汉代的扬雄在《方言》里面也说："自关而西，秦晋之间，凡物之壮大者而爱伟之，谓之夏。"就是那些庞大的、宏大的东西叫作"夏"。你看我们的民族叫"华夏"。"夏"字外边要加上厂字头呢，是大厦。所以"夏"表示"大"，我们容易理解，但是前边还说"假"也是指"大"。"假"跟"夏"之间是个什么关系？

小篆·假

先来看看这个"假"字，是个形声字，"从人，叚（jiǎ）声"。《说文解字》解释说："假，非真也。"跟"真"相对，这是"假"的第一义。第二义，我们其实也知道，是借助、凭借的意思，比如说狐假虎威、假公济私。咱们文字里不也有假借字吗？这是第二个意思。还有一个意思我们现在用得最少，就是"假"过去有"大"

的意思。《尔雅》[1]里面就说："假，大也。"《尚书·虞书》里面也说过："克勤于邦，克俭于家，不自满假。"人不敢自满和自大，这里面的"假"其实都是在说"大"。为人不自满、不自大，就叫作"不自满假"。在中古时期，"夏"字跟"假"字音很近，所以就用"假"字来训诂"夏"，同样表示"大"的意思。

古人说："斗指东南，维为立夏，万物至此皆长大，故曰立夏也。"也就是说立夏以后禾苗长得高了，雨水开始下得多了，太阳也大起来了。这样一个以农业为重的民族在立夏的时候看见庄稼万物长大了，人心中的喜悦渐渐也就大了。

唐代元稹写过《咏廿四气诗》，他怎么写立夏的呢？他说："欲知春与夏，仲吕启朱明。蚯蚓谁教出，王瓜自合生。帘蚕呈茧样，林鸟哺雏声。渐觉云峰好，徐徐带雨行。"这首诗写的恰好是立夏的景象。蚯蚓它在土里头，你也不知道是谁让它出来的，但是都冒出来了。瓜果逐渐长大了，变熟了。蚕茧结出来了。那小鸟在喂它的小鸟雏。万物都是一派生机呀！这里说的"仲吕"是什么？是古代的阴律。"仲"我们都知道吧，表示"中"。中秋节过去也叫"仲秋节"，所以"仲

[1] 《尔雅》是我国最早的一部汇集词义训释材料的专著，也是我国最早的语义分类词典。《尔雅》的作者已经失考，现在多数人认为，《尔雅》是由秦汉间学者采集六经的训释，特别是有关《诗》的训释，递相增益而成

吕"也称"中吕","吕"其实是古代月律中阴律的总和,过去的十二律分六个阳律、六个阴律,这阴律称为"吕"。古人认为阴阳配万物,天体运行、季节变化,都跟阴律相关,所以才会说"孟夏之月,律中仲吕"。说的就是四月份应该是"仲吕"这个阴律相和的时节。所以过去人能够听得到天籁之声,小鸟在树上啼鸣,那是合唱。风踩过树梢的声音,那是女高音。各种水击打在石头上,那是高高低低的音律。所有这一切,就是阴律在不同时节的表示。

除了声音,过去的季节还是有颜色的,夏天称什么?你看这诗里有两个字,叫"朱明"。其实四季都有颜色,"春为青阳,夏为朱明,秋为白藏,冬为玄英"。说白了,春天是青色的,夏天是红色的,秋天是白色的,冬天是黑色的。大家想想,这是不是一个很写意的概括?春天万物生长,草色青青。夏天太阳火红,人心里头也有火气,所以它变红了吧?秋天,"蒹葭苍苍,白露为霜",有很多的枯草,白的吧?到了漫长的冬天,夜长昼短,乌云常常压下来,所以大家觉得它是黑的。四月开启了夏季,"朱明"就专指"立夏节"。在《敦煌曲子词》里面有一首《菩萨蛮》:"朱明时节樱桃熟,卷帘嫩笋初成竹。"多美呀,红了樱桃、绿了芭蕉,年光就是这样的吧。

在《逸周书》里面有记载:"立夏之日,蝼蝈鸣。又五日,蚯蚓出。又五日,王瓜生。"其实这就是立夏三候。第一候"蝼蝈鸣",什么意思呢?你听那个池塘里面的蛙鸣,呱呱呱呱,老在那儿叫,蛙类动物在田间、池塘边开始觅食了,动静就多起来了,这就叫"青草池塘处处蛙"。第二候"蚯蚓出",地底下的温度高了呀,蚯蚓要拱出地面呼吸新鲜空气了。到第三候的时候,王瓜,也叫土瓜,这个时候越长越大了。清乾隆年间编纂的《新郑县志》里面记载:"四月,王瓜初生,摘售以相送,谓之进鲜。"这时候土瓜都能摘得下来,能卖了。彼此之间说赶紧尝尝鲜,刚摘下来的。哎呀,这现在在城里变得挺奢侈。因为去水果摊上买的东西都已经辗转不知道放了多久。原来农民种新鲜瓜果李桃,也没有什么农业污染,也不上化肥,摘下来水一冲,甚至就拿衣襟擦两下,马上脆生生就吃。那个时候物质不如现在丰富,但是也有那个时候的奢侈,就是在天时中,人的享受是那么蓬勃自然。

"四时天气促相催,一夜薰风带暑来"[1],立夏这

[1] 宋·赵友直《立夏》:四时天气促相催,一夜薰风带暑来。陇亩日长蒸翠麦,园林雨过熟黄梅。莺啼春去愁千缕,蝶恋花残恨几回。睡起南窗情思倦,闲看槐荫满亭台。

个时节，温度明显升高，暑气蒸腾起来了，雷雨也多了，天气也热了，农作物当然就蓬蓬勃勃长起来了。特别是夏收作物进入了成熟期，冬小麦扬花灌浆了，油菜已经谢了黄灿灿的油菜花，接近成熟了。这一年能有什么收成，到这个时候基本上能看得出来了。所以说"立夏看夏"，能够看得出来收成好坏了。这时也是早稻插秧的时候，所以"多插立夏秧，谷子收满仓"。这个时候人不敢懈怠。南宋翁卷在《乡村四月》里边写："绿遍山原白满川，子规声里雨如烟。乡村四月闲人少，才了蚕桑又插田。"诗人看这个季节看到的都是诗意，但农民这时候可没有闲着赏天赏景的人，刚养完蚕，又去插秧了。

立夏是大日子，我们过去跟大家说过，立春、立夏、立秋、立冬，天子都是要去祭拜的。《礼记·月令》里面说："立夏之日，天子亲率三公、九卿、大夫，迎夏于南郊。"这是周朝的礼儿，立夏这一天，天子要率领文武百官去迎夏。为什么要在南郊呢？你想，立春是从东边迎春风，立夏是火辣辣的太阳从南方逐渐覆盖过来。立秋是人在西方，目送着这样一个丰收季节的远去。当然立冬的时候，朔风是从北边吹来的。过去的迎接就是拜四方，在这样的一个仪式上，夏天是要指令司徒官去各地勉农的，告诉农民抓紧耕作，仪式上君臣一律穿红色礼服，配朱色的玉佩，马匹车骑都是朱红的，为什么呀？这就是对司夏之神朱明季节的敬意，红红火火也是对夏粮丰收的祈求。

在中国传统的习俗里，立夏这一天老百姓是要尝鲜的。你想这个时候，有一部分农作物已经收获，人有的可尝了。像在江浙一带，一到这个时候会尝尝青梅，还可以做酒酿，还有鲜鸡蛋，这就是三鲜。立夏尝三鲜，在不同的地方尝到的东西不一样。但是呢，总能尝点新鲜的入口的东西。最普遍的是这个时候喝茶，夏茶是清火的。不饮立夏茶，这一夏就会很难过的。福建人爱喝茶吧？福建喝的那叫"七家茶"，各家炒茶叶，手法不一样，茶味也不一样，大家要混合煮一大壶茶，一块儿来喝，喝不同人家炒的这种茶香。你看，这是一个其乐融融的熟人社会才能体会到的仪式感。我们今天真的是从乡土的熟人社会进入网络虚拟空间的陌生人社会，从原来宗庙祠堂的大家族进入了单元里的一家一户，所以各家把茶放在一起、把新鲜的吃的放在一起，喝大壶茶、吃长街宴，听起来都变成历史记忆了。

有一些习俗，我们现在越来越不理解了。比如说立夏的时候，人要约约（称称）轻重，那约轻重是为什么呀？是怕自己掉秤，怕这个时候苦夏，人吃得不好。那个时候，都是在房梁上或者大树上挂一杆大秤，小孩直接坐在箩筐里，大人手拉着秤钩子悬起两脚来，看看多重。所以那个时候好多吉祥话，约老人的时候说："秤花八十七，活到九十一"，哎呀，您老长寿。约小孩的时候说："秤花一打二十三，小官人长大会出山。"这个习俗现在大伙儿也不太理解，因为一到夏天大家都忙着减肥呢，觉得要穿春衫了，人要脱去油腻了。不像过去，约体重，就是因为觉得立夏了，再炎热，人应该不会消瘦太多。你看，在不同的时期，人们有不同的习惯。

当然，过任何节气，最高兴的还是小孩。过去立夏的时候，小孩的胸前要挂上煮熟的蛋，据说可以让小孩免受病灾。而且这个时候要吃蛋，叫补夏，最好还是吃咸鸭蛋，补补钙、补补铁。手巧的妈妈会给小孩勾一个丝网，还有的呢，会在他这个小网兜上做上鼻子、眼睛，然后小孩戴上这个，还要跟人家去"斗蛋"，就是把凉了以后的蛋用丝网挂在小孩脖子上。小孩之间，拿那个蛋头碰蛋头,蛋尾撞蛋尾,看谁的先破了,就输了。我中学的同学一直定居在美国,前不久还在信息里问我,你们现在还给小孩撞蛋吗?我还给我女儿勾了丝网,让她去学校跟别的同学比一比,告诉他们这是中国孩子的习惯。有时候我想习惯其实都是跟环境相关的,农耕时代,一家都有很多孩子,大家都在乡野上跑,孩子之间才有比试。那么大人希望能够吃喝好一点,不掉秤,大家才去约约体重。那当然都有一些没有化肥的新鲜的东西收下来,大家才会尝尝鲜。

  无论我们是惆怅、眷恋,还是欣喜地进入一个商业更发达的时代,那些习俗就这样固定在季节里、固定在历史的记忆中。起码今天得知道这些,随着季节的变换,让自己跟上节令的心情。"夏者大也",一个大大的时节已经来了,咱们能够跟上这个大时节,降躁去火,让自己在白天长长的时光里多一点喜乐和平安吗?

扫一扫
听于丹老师讲节气节日

小满

最爱垄头麦，
迎风笑落红

俗话说"小满小满，麦粒渐满"，到小满了，顾名思义，就是这个时候的麦子越来越饱满，眼看快要丰收了。北宋时候的欧阳修有一首描述小满的绝句："夜莺啼绿柳，皓月醒长空。最爱垄头麦，迎风笑落红。"这个时候花开始谢了，但是麦子茁壮地长起来了，灌尖了，麦粒逐渐饱满起来，摇摇晃晃笑得很娇憨，人心里头的那种饱满也渐渐丰盈起来了。

小满是夏天的第二个节气，每年的5月21日前后，太阳到了黄经60度，小满就来了。《月令七十二候集解》里说："四月中，小满者，物至于此小得盈满。"这句话多美，让我们想起现在说的"小确幸"，"小得盈满"，得到一点小小的收获，有可以把握住的东西，心里渐渐满足起来。在中国北方，麦子之类的夏

夏

立夏

蝼蝈鸣，
蚯蚓出，
王瓜生。

苦菜秀,
靡草死,
麦秋至。

芒种

螳螂生,
鵙始鸣,
反舌无声。

鹿角解,
蝉始鸣,
半夏生。

温风至,
蟋蟀居宇,
鹰始鸷。

大暑

腐草为萤，
土润溽暑，
大雨时行。

黄梅时节家家雨,青草池塘处处蛙。
有约不来过夜半,闲敲棋子落灯花。
南宋·赵师秀《约客》

熟作物从这个时候开始抽尖丰盈,但还没完全成熟,这个成长的过程就是小满。"小满三日望麦黄"、"小满十日满地黄",从这之后一天比一天接近丰收了。

这个时候的乡间是充满情趣的,唱着歌"走在乡间的小路上",可以看见麦浪翻滚了,在阳光底下,风一吹,麦子真像波浪一样。还有粮食香,新麦子的味道开始沁人心脾了。谚语说"小满不满,干断田坎","小满不满,芒种不管"。也就是说看小满就能知道年成怎么样,如果小满的时候,雨下得不足的话,之后就没有办法插水稻了。

小篆·满

我们看这个"满"字,左边是今天的"氵",右边是"㒼"(liǎng)字,《说文解字》解释说:"满,盈溢也。从水㒼声。"也就是它丰盈到能够溢出来了。"满"的本义就是水的充盈。那"盈"跟"满"又是什么关系呢?

小篆·盈

"盈"字的小篆下面是个皿墩,就是器皿。上边满满地堆着东西。《说文解字》解释说:"盈,满器也。"也就是说"盈"的本义是储存满了的器皿。所以水或者是其他东西装得满满的状态叫作"盈"。《左传·昭公五年》里面说"设机而不倚,爵盈而不饮","爵"是用于饮酒的三足青铜器,"爵盈"就是酒已经满满的了,但是不喝。所以引申为凡是处于满溢状态都可以称为"盈"。大家经常说月亮盈亏,人有的时候"盈盈自喜"、"物质丰盈",我们现在说"宾客盈门"、"热泪盈眶"、"恶贯满盈",用的都是这个字。

可以看出,"满"和"盈"其实是同义词,它们最大的不同就是使用时代的先后,"盈"用得更早,战国以前就已经在使用了,比如《孟子》、《左传》这些文献,大都只用"盈"而不用"满"。"满"在战国后期才开始大量使用。后来"满"逐渐扩大了使用的范围,从水充盈这个本义扩大成了到处都是、无所不在等意思。

我们经常说"布满",从天上的阴云到人心中的疑云,还会说满大街的跑、满世界的转,这就是无所不在的意思。唐代诗人刘方平在《春怨》[1]里写:"寂寞空庭春欲晚,梨花满地不开门。"什么意思?"梨花满地",就是满满的触目都是,所以我们经常说"宾客满门"、"满目萧然"、"满面尘灰"。当然再引申到人心的满足,对这件事情的满意,祝福别人诸事美满,都指全部充实、不留余地。小满呢,只是小小的满,倒不是不留余地的,小满之满恰恰是留有余地的满。到了这样一个时间,就知道人心中的留白,花未全开、月未圆。恰在此时,要丰盈没饱满的时候,小满来了。

自然界的花草树木、飞禽走兽都跟气候变化相关。到了这个时候,我们就可以看见小满的三候了:"一候苦菜秀,二候靡草死,三候小暑至。"小满的时候,苦菜花其实是特别美的,菜也好吃。原来在农村,苦菜花是大家普遍食用的野菜。《诗经·唐风》里就有这样的句子,"采苦采苦,首阳之下",就是在首阳山下

[1] 刘方平《春怨》:纱窗日落渐黄昏,金屋无人见泪痕。寂寞空庭春欲晚,梨花满地不开门。

采摘苦菜，为什么呢？因为苦菜是古时候救荒的粮食，野菜也是可以充饥的。为什么过去会唱"春风吹，苦菜长，荒滩野地是粮仓"？有的时候，它是能填饱肚皮，作为粮食补充的，久而久之，就成了一种风俗。大家知道王宝钏苦守寒窑十八年，充饥最重要的东西之一，就是苦菜。苦菜学名也叫败酱草，李时珍称它为"天香菜"，能清热、凉血、解毒。《本草纲目》[1]里面还有相应的记载。

"二候靡草死"，就是小满节气的时候，那些喜阴的、枝条细软的草，在越来越强烈的阳光底下开始枯死了。什么是靡草？《礼记》的注解说："草之枝叶而靡细者。"就是那些经不起曝晒的小草。小满时候，北方也都进入夏天了。在阳气日盛的时候，细小的草枯死了。

"三候小暑至"，后来在《金史志》里面改成了"麦秋至"。理由是照《月令》上的说法，四月"麦秋至"，五月"小暑至"；而小满是四月中旬的节气，所以把它们改换过来了。"秋者，百谷成熟之时，此于时虽夏，于麦则秋，故云麦秋也。"你看这多有意思，虽然还是在夏天，但是秋收的麦子已经在这个时候都熟

---

[1] 《本草纲目》，明代李时珍撰，是举世闻名的博物学巨典，集食物、药物的种植、收采、调制及医养功效之大成。此书采用"目随纲举"编写体例，故以"纲目"名书。

了，能收割了。这都是古人长期对自然界的物象进行观察的经验总结，里边充满了生活的智慧。

小满的习俗呢，有"祭车神"和"祭蚕"这两个古老的传统。江南一带有个说法，叫"小满动三车"。所谓"三车"，就是水车、纺车和牛车。传说万物有灵，车身是白龙，它是掌管三车的神灵。在小满这天，农民会在水车前头放鱼肉、香烛来祭奠车神。比较特殊的祭品就是白水一杯，祭祀的时候泼入田中，有祝愿水源充盛、雨水充足的意思。小满这一天，为什么还要祭蚕虫呢？传说小满也是蚕神的诞辰，南方养蚕比较多，蚕是很娇宠的东西，有时候难以养活。我记得我们小时候，都有养蚕宝宝的经历。在小学的时候，老师让我们采桑叶，看蚕宝宝在上面吃桑叶，一点一点长大，然后观察它的冷热、干湿，等着那个蚕宝宝吐丝。想起来，蚕宝宝确实是很难养的。而过去人们还指望着蚕丝做成纺织品去换钱，所以就特别在乎小满这个时候。幼蚕开始孵出来了，桑叶也比较充足。这个时候，人们就会用米粉、面粉做出像蚕茧一样的小吃，人也吃这些东西，也供神，祈祷今年的蚕宝宝吐丝也能够丰收。这些节气习俗，其实都是人心的一种期盼，希望风调雨顺，天人合一。

人在小满的时候，也要注意养生。你想，这时候天气太热了，人呢，就要清热养阴，要温补。在我的印象里，小满是喝汤的季节，也就是中医所谓的"去湿邪"。现在呢，城里的孩子对这个季节没有什么概念了，我记得有一次上课的时候，刚好是小满当天，我就跟我的学生说："今天是个节气，小满了。"有一个小姑娘当时就问我："老师，有大满吗？"我就愣了："没有。"这个小姑娘说："那有小暑、有大暑，有小寒、有大寒，有小雪、有大雪，你说为什么有小满，没有大满呢？"我忽然觉得她问了一个特别好的哲学问题，之前我们说了，麦粒抽尖，丰盈饱满，逐渐要走向丰收，这个时候农民心中有小小的满足。但是中国人的喜悦从来都是"小得而盈足"，在"小确幸"里有他的小欢喜，不敢奢望天上掉馅饼的大满。你说什么叫大满？比如说今天买个彩票，突然就中了上千万的头奖；选秀，忽然就成了爆红的明星，这些大概就是我们理解的大满吧。但是靠天吃饭的中国农民宁可相信小满，让凡事都循序渐进。

在小小的满足里有小小的安宁与踏实,没有大满,就不会有大失落。所以你看,小满是个节气,但它何尝不是一种哲学呢?

芒种

时雨及芒种，四野皆插秧

谚语说得好："芒种芒种，连收带种。"一到芒种这个时节，农民们就要开始忙碌了，既要收割又要播种。说到芒种，大伙儿都知道，"芒"字除了跟"忙碌"的"忙"谐音，同时呢，它还有个草字头，你说带草字头什么意思？它是指谷类种子壳上或者草木上，像小针一样立着的东西。这就是我们平时说的"针尖对麦芒"。咱们今天就了解一下仲夏时节的芒种节气。

芒种是二十四节气的第九个，也是夏天的第三个节气，到这个时候，仲夏时节就正式开始了。每年当太阳到达黄经 75 度的时候，芒种就到了。为什么说"芒种芒种，连收带种"？因为这个时候有芒的麦子要赶快收割，有芒的稻子可以种了。《月令七十二候集解》里边也说："五月节，谓有芒之种谷可稼种矣。"我们把

"芒种"分开看,"芒"字是说麦子一类有刺有芒的植物能收。那种什么呀?谷黍一类该播种,反正是挺忙,所以呢,大伙儿也开玩笑说这节气就叫"忙着种"。

跟芒种节气相关的,刚才咱们说的"针尖对麦芒",现在形容争执双方实力相当,互不相让。那这个"芒"字到底是怎么回事?为什么能够跟针尖拼呢?这里就该感受一下汉字的奇妙所在。

小篆·芒

"芒"字的小篆上面是草,下边是亡,《说文解字》解释说:"芒,艸(cǎo)耑(duān)。从艸亡(wáng)声。"这里边说的"艸耑"其实就是草木的顶端,它的尖儿。

甲骨文·耑

你看这个"耑"的甲骨文,中间这一横把它分成上下两个部分。上面就是植物初生渐渐长出枝叶的形状。中间这一横，稳稳当当，当然是指土地、地表了，地下是什么？地下盘根错节，不就是草木从地下钻出地面的样子吗？所以这个"耑"的本义，按《说文》的说法，"物初生之题也。上象生形，下象其根也"。上面是长出来的，下边是根脉，"物初生之题"，也就是植物刚长出来的那个顶端。所以说，这个"芒"是指草木顶端的芒刺，麦子、稻子壳上的那些小细毛，所以它才能跟针尖相互用力。你可别小看这么一根小刺，它那么大的压强，其实能够穿透很多东西的。

"芒"字从谷类种子壳上、草木上的针状物这个本义，引申出像芒的东西这个意思，咱们说这个人锋芒毕露、光芒万丈，你看是不是都指那个放射的尖儿？后来呢，又在旁边加个三点水，茫茫指什么呀？模糊不清、广大辽远。《庄子·盗跖》里"目芒然无见"，就是指极目远望，模糊不清。《左传·襄公四年》说："芒芒禹迹，划为九州。" 杜预注解说："芒芒，远貌。"茫茫的大地上遍布着大禹的踪迹，他把天下分为九州。那"麦芒"的"芒"和"茫茫"的"茫"有什么关系呢？我们已经说了，这里面是有一个演绎的关系。那

"芒果"是怎么回事呢？这儿告诉大家，没什么关系。英语 mango 这个词翻译过来的时候，音译兼意译，它是个水果，再找个草字头的字，所以就有了芒果，跟字义没太大的关系。由此可见，汉字是个有趣的事儿，也是个很灵活的事儿。

那么再回到芒种这个节气来讲，有什么物候？"一候螳螂生，二候鵙（jú）始鸣，三候反舌无声。"这三候其实都跟虫子和鸟儿有关。

螳螂深秋的时候产卵，到第二年芒种的时候，感觉到夏天快要过去，所以破壳要生出小螳螂了。这时候不还是特别热吗？但是草虫感受灵敏。《月令七十二候集解》里面就说过，螳螂是草虫，饮风食露，感一阴之气而生。有一丝丝阴气，它就能感觉到。它能捕蝉食，"深秋生子于林木间，一壳百子"，繁殖能力非常强，到了这个时候呢，"则破壳而出"。药里面还有一个名字，叫桑螵蛸，其实它是指螳螂挂在桑枝上的那点卵蛸。

二候"鵙始鸣"，"鵙"就是指伯劳，你别看它个头小，它可算是个猛禽，为什么叫"鵙"呢？这个伯劳在《本草纲目》里面写作"博劳"，朱熹《四书集注》

里面说："博劳是恶声之鸟，盖枭类也。"名声不太好，是属于枭这一类的。《恶鸟论》里面解释过，说："百劳以五月鸣，其声䴗䴗然，故以之立名，似俗称浊温。"也就是说"䴗䴗"是形容伯劳的叫声。到芒种第二候，喜阴的伯劳感觉到天气从极热要开始转凉了，它们就出现在枝头，"䴗䴗"而鸣。

至于"三候反舌无声"，"反舌"指的也是一种鸟，《月令七十二候集解》说："诸书以为百舌鸟，以其能反复其舌故名。"这里的"反舌"不是指"正反"的"反"，而是指反复学舌，什么鸟叫什么声音，它都能够跟着学。它在芒种这个时候也感受到了阴气，所以啼声比过去弱了。大家能感觉到盛夏之时有些虫子或者鸟儿叫得特别大声吧，比如说蝉鸣。但是这个时候变微弱了，听不见了。古人对大自然的观察特别细致入微，这一年整个节序如流，他们根据草木鸟兽的变化得出对节气的认识，用简单明了的话总结起来，概括出每个节气对应三候这些特有的现象。

那好，既然芒种到来了，就要顺天应物，组织农业生产，改善生活了。"春争日，夏争时"，要说春天按天争，那夏天都得按时辰来争，特别是这么忙的时候，又在收割又在播种，这个时候播种其实越早越好，才能保证在秋天前有足够的生长期。在长江流域有个说法，叫"栽秧割麦两头忙"，华北地区呢，叫"收麦种豆不让晌"，大晌午，人多热，连晌午都舍不得休息，这才真叫忙着种。陆游《时雨》[1]诗中写过："时雨及芒种，四野皆插秧。家家麦饭美，处处菱歌长。"这个时候人都忙成这样了，还顾得上什么习俗吗？有。说起习俗，当然要数送花神、安苗和煮梅子了。

阴历五月了，大夏天里，百花凋零残败，民间有民间的浪漫，大家通常在芒种祭祀花神。早春的时候，你把它迎来了，这个时候送走，要有感激之情。当然，这个习俗并不是太普遍，今天好多人都不知道芒种时要送花神。

安苗知道的人当然多一些，因为它跟农耕有关。这个习俗起自皖南，始于明初，一到这个时候，皖南的农民种完水稻，为了祈祷秋天收成好，就要祭祀。用刚割的麦子打出的麦面蒸发包，把面捏成五谷六畜瓜果蔬菜等各式各样的形状。然后用蔬菜汁给它染颜色，当作祭祀的贡品。你看现在经常会有巧手的一些姑娘、媳妇儿包五彩饺子、做五色面条，大家都说手真巧。可别以为

---

[1] 陆游《时雨》：
时雨及芒种，四野皆插秧。
家家麦饭美，处处菱歌长。
老我成惰农，永日付竹床。
衰发短不栉，爱此一雨凉。
庭木集奇声，架藤发幽香。
莺衣湿不去，劝我持一觞。
即今幸无事，际海皆农桑。
野老固不穷，击壤歌虞唐。

这是现代人的发明,其实以前的人就已经在用各种颜色的物料去打扮各式各样的食物了。

煮梅子,最有名的是三国时候的典故"青梅煮酒论英雄",曹操试探刘备是不是真英雄。其实现在在南方,也有芒种煮梅子的习俗,因为这个时候热,梅子多清凉啊,煮梅子酒消暑是个挺好的选择。我每次去云南到大理一带,都会有朋友捧出家里已经放了很久的梅子酒,那一种香甜,酒气其实已经不是很重了,但是入口以后,你还是会觉得神清气爽。当然,大多数的梅子刚泡的时候,太酸了,有的还很涩,怎么样能够刚泡就能入口好喝呢?就是把它煮一煮。现在还有梅子晒干了以后做蜜饯或是煮酸梅汤、酸梅茶的做法。

《论语·乡党》[1]里,孔子曾经说过"不时不食",也就是说吃任何东西都要应时令、按季节。所谓的"春吃芽、夏吃叶、秋吃果、冬吃根",就是根据时令去进补。到芒种这个天时最热的时候,怎么调理自己呢?俗话说:"芒种夏至天,走路要人牵;牵的要人拉,拉的要人推。"这形容什么?形容懒,真不爱动,没人拽着你、没人拉着你、没人推着你,你都不爱出去。这个时候江南进入梅雨时节了,天气很潮湿、很闷热,人的新

---

[1] 《论语·乡党》:"食不厌精,脍不厌细。食饐而餲,鱼馁而肉败,不食;色恶,不食;臭恶,不食;失饪,不食;不时,不食;割不正,不食;不得其酱,不食。"

陈代谢也加快了，能量消耗也大了，出汗也多了，头脑也不那么清醒了。这时是湿热之气弥漫的时候，人食欲当然也不太好。煮梅子也是为了提升食欲嘛。所以这个时候要注意什么呀？这正是防中暑的时候，要顺应旺盛的阳气，保持清醒的头脑，所以你看好多人都有夏天午睡的习惯。

饮食上，这时候基本上吃不下什么大油大腻了，多吃点脆生生的蔬菜、水果、豆制品。走到任何一个时令都有时令的讲究，为什么夏天学生放暑假，冬天学生放寒假？其实就是在天地极热和极冷的时候，人要有休息调整的时候。无论是暑假还是寒假，作业还是别太多了，它既然是个假，就是要顺天应物，调整内心，生机蓬勃，让人高高兴兴再迎来一个学习的舒适时节。当然了，芒种这个时候，各个学校的孩子们正要进入期末考试，千万别太上火。这个时节，农民也在地里忙着呢，学生确实也该忙。但是忙着的时候，也要忙而不乱，心里面清凉，才能有个好成绩。

夏至

昼晷已云极，
宵漏自此长

咱们今天就从文字学的角度，来说说二十四节气里白昼最长、黑夜最短的夏至。什么是夏天？这个"夏"字是个象形字。

甲骨文·夏

甲骨文字形从上往下看，有头发、有脑袋、有躯干，还有脚，就像一个完整的侧视的人形，因此甲骨文的"夏"字所表现的，就是史学家们所说的威武雄壮的夏族人。我们中国人古代就自称"夏"，直到今天我们还会自称华夏民族。为什么呢？简单地说，因为古文"夏"就是一个头、身、手足俱全、完美无缺的人，因此我们的先民就借用这个美好的字眼,来代指我们这个民族。

金文·夏

小篆·夏

"夏"字的金文字形继承了甲骨文"夏"字的形体,在结构上也变得越来越细致。小篆则基本上保持了金文的形体,只是在笔画上做了些减省。《说文解字》解释说:"夏,中国之人也。从夊(zhǐ),从页,从臼(jiù)。""臼"是指两手,下面这个"夊"是指两脚,而"页"呢,是指头顶。咱们现在说的顶、项,不都是从页吗?

孔颖达[1]在《春秋左传正义》中说:"中国有礼仪之大,故称'夏',有服章之美,谓之'华'。华夏,一也。""华夏"也就由此而来,所以"华夏"自古就是汉民族先民的庄严自称,后来更成为整个中华民族的合称。

"夏"最早指中原古部族名,也就是夏族,后来沿用为中国人的称呼。《尔雅》解释说"夏,大也",

1
孔颖达,唐代经学家,孔子后裔。奉唐太宗之命编纂《五经正义》,将西汉以来的经学成果总结保存。《春秋左传正义》是其中之一。

可知"夏"还有"大"的意思，这个概念形成于春秋战国之交，因为战国以后，封建大一统观念开始深入人心，"夏"与"大"的意义日渐相合，"夏"便逐渐引申出了"大"这一义项。今天的山西、陕西一带是中华古文明的发源地之一，在那里的方言中，仍称"夏"为"大"，就是一个例证。杜甫在《茅屋为秋风所破歌》里说："安得广厦千万间，大庇天下寒士俱欢颜。"其中的"厦"字，就是在"夏"的外面加了一个大大的支架，加上了一个建筑的外形。

"夏"现在我们更普遍地理解为表示季节，"夏"又是如何表示"夏季"的意思呢？

朱骏声[1]《说文通训定声》中，针对小篆"夏"的字形解释说："夏，象人当暑燕居，手足表露之形。"就是说像人大热天懒得动，赤足露背、摊手摊脚地躺在那儿的样子。人能这么闲闲待着，露手露脚，肯定是夏天，要是冬天的话就冻着了。这是拿人们在夏天的形象来表现夏天，由此引申出春夏秋冬的"夏"。"夏"可以表示伟大、盛大的意义，夏季天气炎热、草木茂盛，因此就用"夏"来表示"夏天"。"夏"字从一个民族到一个季节，就是这样演变来的。

---

[1] 朱骏声，清代文字学家，研究许慎《说文解字》的四位大家之一，代表作《说文通训定声》，是一部按古韵部重新编排顺序，从字形、字义、字音三方面研治《说文解字》的书

那"夏至"的"至"又是什么意思?

甲骨文·至

"至"也是个象形字。《说文解字》把"至"字解释为"鸟飞从高下至地也"。你看这个字形,就表示的是一个动态。"至"字是鸟从高处飞落到地面,由此引申出"到达"的意思。而从到达,又引申出"极端"的意思。夏至,就是夏天到了极至的时候。夏至这一天是全年里北半球地区白昼最长的时候。这是二十四节气中最早被确定的一个节气。大概在公元前七世纪的时候,先人用土圭测日影,就确定了这白昼最长的一天是夏至。唐代诗人韦应物有诗句说:"昼晷已云极,宵漏自此长。"这首诗的名字就叫《夏至避暑北池》[1]。说白天的日子已经到极至了,所以物极而反,你听夜里头那个宵漏声音从此一天比一天长了,白天要一天比一天短了。

夏至在古代可是节日。宋代从夏至这天开始,百官例行放假三天。到辽代,夏至日叫"朝节",女人之间

[1] 韦应物《夏至避暑北池》:昼晷已云极,宵漏自此长。未及施政教,所忧变炎凉。公门日多暇,是月农稍忙。高居念田里,苦热安可当。亭午息群物,独游爱方塘。门闭阴寂寂,城高树苍苍。绿筠尚含粉,圆荷始散芳。于焉洒烦抱,可以对华觞

要互赠礼物，如彩扇、脂粉袋、香囊之类。

中国古人把每个节气分为三候。而夏至的三候是什么呢？"一候鹿角解"，就是鹿的角这个时候要脱落了，要换新角了。"二候蝉始鸣"，每天叽叽喳喳的知了，要开始叫了。"三候半夏生"，我们现在说的药材"半夏"，这个时候生长起来了。我们老说麋鹿，其实麋、鹿同科不同属性，按中国人万物皆分阴阳的说法，一属阴一属阳。鹿角是朝前生的，属阳，到夏至日呢，阴气生，阳气始衰，所以阳性的鹿角就开始脱落了；而麋是属阴的，所以到冬至日麋角才开始脱落。第一候鹿角开始脱落，第二候的时候，雄性的知了也感觉到阴气渐渐要滋生了，就开始鼓翼而鸣。半夏本身是个喜阴的药草，到了夏至第三候阴气滋长的时候，在沼泽地里、水田里，半夏就开始长出来了。炎热的仲夏里，地下的阴气渐渐开始滋生，喜阴的植物开始萌发。

中国文化说白了就是百姓日常之用，每一个人都在时间轴里。咱们都知道冬天有个《九九歌》：一九二九不出手，三九四九冰上走……但是大家知道吗？夏天也有《夏九九歌》。夏九九就是从夏至那一天为起点，九天为一个九："一九至二九，扇子不离手。

三九二十七，冰水甜如蜜。四九三十六，汗湿衣服透。五九四十五，树头清风舞。六九五十四，乘凉莫太迟。七九六十三，夜眠要盖单。八九七十二，当心莫受寒。九九八十一，家家找棉衣。"这九九八十一天，从夏至开始一九比一九要寒冷，逐渐就过了秋天。

夏天阳气盛于外，从夏至盛极转阴，阴气在内，饮食就要清凉、要泄暑，要吃一点苦味的东西，要给人一点清补。

中国哲学的阴阳相生并不是阴阳完全的对立和时间的切割，而是互相转换。你看夏至这个日子有意思，阳气最盛、白昼最长、人心烦躁。恰恰是从这一天，各种阴气开始滋生了。心静自然凉，到夏至的时候别心烦气躁，这个时候可以早点起床，也可以稍微晚点睡觉，平心静气迎接整个岁月的交叠。

小暑

暑雨留蒸湿，江风借夕凉

过完了夏至是小暑，气温一天一天在升高。"暑"本身就是炎热的意思。小暑是小热，大暑是大热。也就是说小暑这个时候渐渐要走向更热了。从先秦时候我们有了二十四节气，汉代的时候完全确立，它作为农事活动的指南针，让人能够预知冷暖雪雨。这里头有很多奥秘，它是一种系统相传的农耕民族的经验。其实有好多密码也可以从汉字里边解出来。咱们今天就说说这个"暑"字。

小篆·暑

《说文解字》上对"暑"的解释是"热也，从日者声"。也就是说,"暑"就是热的意思。小篆字形上边是个大太阳照着,下边是一个"者",除了表示这个字是它的音符以外,还可以表示世间的万物。太阳照射着底下的万事万物,这样的状态就是"暑"。

夏天的太阳像个大火球一样,散发出光芒普照大地万物。有时候下午会看见那花草都给晒蔫了,所以在最热的时候,人是不出门的。民间有个说法"小暑大暑,上蒸下煮",小暑就是特别炎热的开始,到大暑的时候,就是一年里炎热的顶点。什么叫上蒸下煮呢?你想那太阳热辣辣在那儿烤着,热气腾腾,人呢,还哗哗在冒汗。这像不像是一口大锅在煮着呀?所以《释名》[1]里面直截了当就说:"暑者,煑(煮)也。"这就更接近人对天气的体感。怎么来解释这个"暑"字呢?《说文解字》更多是从字形、字义来谈,但是《释名》是从声音上来谈的。"暑"字和"煮"字不光读音非常接近,它们的字形也是有一定的关联度的,"暑"是日加者,"煮"的小篆则是者下边加四点,也即火。

小篆·暑

小篆·煮

[1]《释名》,东汉人刘熙撰,是一部从语言声音的角度推求字义由来的训诂学著作

也就是说，暑天的太阳是上边的一团火，而蒸煮是底下有一团火。为什么要用"煮"来解释"暑"呢？因为"煮"不是一般的热，它还有湿漉漉的感觉。所以清代《说文》四大家之一的段玉裁就明确说："暑之义主谓湿，热之义主谓燥"。说白了，就是"暑"主要是湿热，"热"主要是干燥的燥热。所以《释名》说"暑，煮也"，如水煮物也。而"热"是什么呢？是"爇也"，如火所烧爇也。也就是说，煮是带水汽的，而热是干烧。所以呢，你看杜甫在《遣闷》[1]里面怎么消夏？觉得这种"桑拿天"实在难受，所以他说"暑雨留蒸湿，江风借夕凉"。除了晚上去江边吹点小凉风，白天这日子简直就是上蒸下煮，它就是让人有这么一种湿热之感。

早在古时候，中国人对小暑天气的感知已经很准确了。咱们曾经说过一节分三候，小暑也分三候，五天为一候，"一候温风至，二候蟋蟀居宇，三候鹰始鸷"。在最热的大地上，没有凉风的小暑季节，那你想一想，一候时觉得风来了，它是凉风吗？是温风，这说的都是客气的。我们有时候感觉到那个风里吹着热浪。二候"蟋蟀居宇"，宇是什么呀？就是房檐底下。所以《诗经·豳

---

1 杜甫《遣闷》：
地阔平沙岸，舟虚小洞房。
使尘来驿道，城日避乌樯。
暑雨留蒸湿，江风借夕凉。
行云星隐见，叠浪月光芒。
萤鉴缘帷彻，蛛丝胃鼻长。
哀筝犹凭几，鸣笛竟沾裳。
倚著如秦赘，过逢类楚狂。
气冲看剑匣，颖脱抚锥囊。
妖孽关东臭，兵戈陇右创。
时清疑武略，世乱跼文场。
余力浮于海，端忧问彼苍。
百年从万事，故国耿难忘。

风·七月》里边说蟋蟀这个东西，"七月在野，八月在宇，九月在户，十月蟋蟀入我床下"。这里说的八月，是原来夏历中的六月，就是指小暑节气。原来一到夏至的时候，它还在外面，因为热。等到开始要转凉的时候，蟋蟀比人要敏感，它离开了田野，到庭院的墙角下避暑热，开始进院了。再之后，老鹰因为地面的气温太高，所以不在地上待着，而是在清凉的高空中活动。

你看这三候，看的都是生物的变化，体会风，看虫、看鸟，这原本就是中国人对于时节、气候、物象的把握。其实这样一套经验系统在今天看起来挺奢侈的，起码城里的孩子就没有这套经验。因为农耕民族永远是跟动物、植物共同生长在天地间的。

你看为什么到现在，孩子们放寒假、放暑假，都是最热和最冷的时候？人的身体是要休息的，这个时候人是不适合再操劳的。所以这里要跟各位做父母的提倡一下，暑假和寒假就不要让孩子上那么满的补习班了。它本来就是个假期，假期就是为了让人在极寒、极暑的时候避开自然对人的侵害。

关于夏天的养生，《黄帝内经》说要"夜卧早起，无厌于日，使志无怒，使华英成秀，使气得泄"。也就是说在这个季节里，是阳气达到极盛，阴气还没有滋养起来的时候。人要平心静气，降燥去火。你看大夏天，为什么咱们都讲究喝绿茶呢？因为它属于不发酵茶，是清心润燥的，让人平衡。所以《黄帝内经》说怎么养生？就是夏天不能发怒。本来天气就很燥了，人如果再很躁，是不是会很伤人呢？这个季节本来就阴气不足，人晚上睡觉的时候，虽然可以比春天稍微晚一点，但是早晨应该更早起床，顺应阳气的充盈饱满。不要怕白天的太阳太大，人有时候还是要晒晒太阳。保持情绪的愉悦舒畅，让心情像花开一样，气息很舒畅，能够流淌自如。

北欧有一些高福利国家，人过的日子也挺自在，但为什么是抑郁症高发地呢？那边的朋友就告诉我，日照时间太短了。在冬天他们可能白天只有正午那两三个小时是白天，剩下就是长长的黑夜。所以人们都烦夏天，觉得太热。但是真没有了大太阳烤着的话，对人的养阳是不宜的。人在这样的时候，怎么配合季节调养自己，是中国传统的学问。当然夏天有时候胃口不好，老百姓有个说法，说"大暑小暑，有米懒煮"。家里就是有米下锅，不爱做饭，为什么？人好像被那个太阳蒸得散了架似的,吃不下东西,没胃口。

中国人原来是特别讲究食补的。在夏天,不光喝绿茶败火,也提倡多喝莲子羹、多吃凉拌菜,还有祛湿的薏米冬瓜汤、绿豆沙……所有这些都是解暑的。江浙一带还流行在这个时候吃黄鳝。客家人有食新的习惯,什么叫食新?就是小暑过后尝新米。所有这一切的习惯,就是人在饮食上、起居上都配合着大地的节奏走。

一年来到最热的季节了,静静心、败败火,让自己心神从容,重要的是制怒,所以能不能在这个季节养生,最重要的还是看心里头是不是能通透舒畅。古人其实没有这么好的制冷条件,他们可能也就是喝杯茶,弄点绿豆汤。但是有一份散淡,不像今天这么忙碌。寒暑有代谢,往来成古今。既然我们又走到这个节气了,借鉴一点农耕文明的智慧,让自己能够心安神安,降燥去暑。

也许大家从学汉字到懂季节,就能过一个挺美好的夏天。

扫一扫
听于丹老师讲节气节日

大暑

何以消烦暑，
端坐一院中

民间俗语有云："大暑小暑，上蒸下煮。"意思是说在大小暑天，烈日当空，热气蒸腾，太阳底下的人和万事万物，都好像在一个大锅里被煮着一样，特别形象地道出了炎炎夏日给人暑热的感受。小暑节气一到，就意味着天气开始炎热，但还没到最热的时候。当太阳到达黄经120度的时候，大暑节气就到了，这是一年中最热的时候。烈日、高温预警、雷阵雨和台风，都是大暑天的标志。

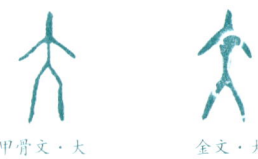

甲骨文·大　　金文·大

小暑为小热，那么大暑就是表示炎热到了极点，是最热的时节。"大"的甲骨文与金文的形体差别不大，只是线条相对粗厚圆润，像一个正面站立、两臂张开、两条腿直立、顶天立地的巨人形象，正传达出一种人是"万物之灵"的认识。《说文解字》里面说："天大、地大、人亦大，故大象人形。"说的就是这个意思。古人认为人是万物之灵，以人为大，所以就用一个人的形象来表现"大"这个词。"大"后来就用来形容体积、面积、数量、力量、规模、程度等方面超过一般或超过所比较的对象，与"小"相对。所以，当炎热到了极点的时候，古人就称之为大暑，因为热的程度超过了以往所有的节气，当然更多的是与小暑相比较而言。

《山海经·大荒西经》[1]有一个记载这种极热天气的神话传说：有个国家叫寿麻国。南岳娶了州山的女子为妻，她的名字叫女虔。女虔生了季格，季格生了寿麻。寿麻端端正正站在太阳下不见任何影子，高声疾呼而四面八方却没有一点回响，可见炎热的程度。其中有一句说"爰有大暑，不可以往"，就是说那里异常炎热，人不可以前往。注释家郭璞[2]说，"言热炙杀人也。"可见，在古人的观念里，大暑天确实是炎热到了极点，对人和一切生物都造成很大的影响。《易经》有

1
《山海经》，中国志怪古籍，记载的内容包括中国古代神话、地理、植物、动物、矿物、巫术、宗教、医药、民俗、民族等现多认为成书并非一时，作者亦非一人，大体是战国中后期到汉代初中期的楚国或巴蜀人所作

2
郭璞（276–324），字景纯，河东郡闻喜县（今山西省闻喜县）人，西晋时期著名文学家、训诂学家、风水学者。他好古文、奇字，精天文、历算、卜筮，长于赋文，尤以"游仙诗"名重当世，曾为《尔雅》《方言》《山海经》、《穆天子传》、《葬经》作注，传于世

云："寒往则暑来，暑往则寒来。"从小暑到大暑，暑热程度从小到大，在炎热的极点之后便是立秋了，正好体现了物极必反的规律。

古时候，人们对大暑天的感知、认识就已经十分准确了，故而将大暑分为三候，"一候腐草为萤，二候土润溽暑，三候大雨时行"。萤火虫分为水生和陆生两种，陆生的萤火虫会在枯草上产卵，大暑的时候，萤火虫就会卵化而出，所以古人误以为萤火虫是由腐草变成的，也就是说萤火虫在腐草中出现，就是大暑到来的特征之一。第二候是说天气开始变得闷热，土壤中的湿气蒸发使空气也变得湿热，正如前面"小暑"篇里说的，暑与热是有区别的，那是湿热，这与我们的感受非常契合。第三候是说时常有大的雷雨出现，这大雨可以使暑热减弱，天气开始向立秋过渡。我们今天对暑天的感受其实也是这样，夏天雷阵雨极为常见，尤其是在南方，在高温酷热的午后，常常有雷暴雨来袭，让人猝不及防。谚语有说："东闪无半滴，西闪走不及。"意思就是在夏天午后，闪电如果出现在东方，雨不会下到这里，若闪电在西方，那么雨势很快就会到来，要想躲避都来不及。

金文·伏　　　小篆·伏

俗话说"冷在三九，热在三伏"，最热的时候不在夏至，而在三伏天。其实进入小暑之后，也就进入了三伏天，这是一年中气温最高而且又潮湿、闷热的日子。看"伏"字的金文字形，左上方是"人"的形象，右下方是"犬"，《说文解字》里说："（伏）司也。从人从犬。"也就是说，"伏"是一个会意字，是犬趴伏着伺机吠叫、袭击人之意。引申出藏匿、隐蔽、伏击等意思。所谓三伏天，是说阴气受阳气所逼，潜伏、潜藏在地下。从夏至开始，昼渐长夜渐短，阳极阴生，阴气在内，阳气在外，通俗而言，就是炙热当中潜伏着寒冷的因素，这个就是"伏"的得名缘由。

根据史书记载，"三伏"的说法始于春秋时代，流传到现在已经有两千六百多年的历史了。三伏天恰好在小暑和大暑之间，是一年中最热的时候，所以农谚有云："小暑不算热，大暑三伏天。"虽然大暑天给人酷热、潮湿等不好的感受，但对于庄稼而言，却是丰收与否的关键时节。俗语说"大暑不暑，五谷不鼓"、"大暑无酷热，五谷多不结"，大暑期间的高温酷热本来就是正常的气候现象，如果没有充足的光照，喜温的水稻、棉花等农作物生长就会受到影响。而且这时候水分蒸发特别快，尤其是长江中下游地区正值伏旱期，旺盛生长的作物对水分的要求更加迫切，正所谓"小暑雨如银，大暑雨如金"。

大暑期间，我国民间有饮伏茶、晒伏姜、烧伏香等各种不同的习俗。伏茶是由金银花、夏枯草、甘草等十多味中草药煮成的茶水，有清凉祛暑的作用。晒伏姜源自山西、河南等地，三伏天时，人们会把生姜切片或者榨汁后，与红糖搅拌在一起，装入容器中，蒙上纱布，在太阳下晾晒，充分融合后食用。《黄帝内经·素问》中有"春夏养阳"[1]、"长夏胜冬"[2]的说法，就是借着夏天的旺盛阳气，来克制和驱散冬天的阴寒之邪，使一些老毛病得以缓解、痊愈。生姜能够促使身上的毛孔张开，不但能把体内多余的热带走，同时还把体内的病菌、寒气一同带出，不得不说这都是民间的养生智慧啊。除此之外，在大暑节那天，福建莆田人家还有吃荔枝、羊肉和米糟的习俗，叫作"过大暑"，亲友之间，

---

[1] 《黄帝内经·素问·四气调神大论》："春夏养阳，秋冬养阴，以从其根，故与万物沉浮于生长之门，逆其根，则伐其本，坏其真矣。"

[2] 《黄帝内经·素问·金匮真言论》："所谓得四时之胜者，春胜长夏，长夏胜冬，冬胜夏，夏胜秋，秋胜春，所谓四时之胜也。"

常常用荔枝、羊肉作为互赠的礼品。而在广东很多地方还有"吃仙草"的习俗，仙草又叫凉粉草、仙人草，有着很好的消暑功效。台湾民谚说"大暑吃凤梨"，因为这个时节的凤梨最好吃。加上凤梨的闽南语发音和"旺来"相近，所以也被用来作为祈求平安吉祥、生意兴隆的象征。

酷暑天气，容易让人心烦意乱，产生许多不好的感受。俗话说"心静自然凉"，诗人白居易的《消暑》诗说："何以消烦暑，端坐一院中。眼前无长物，窗下有清风。散热有心静，凉生为室空。此时身自保，难更与人同。"只要心平气和地坐在窗台下，清风便自然而来，凉爽也就由心而生了。

霜降　寒露　秋分　白露　处暑　立秋　秋

立秋

睡起秋声无觅处，
满阶梧桐月明中

俗话说"立了秋，扇子丢"，现在不用问大家丢没丢扇子，因为大伙儿连电扇都丢了，我们都是开空调。虽然说进入立秋了，天还是热的，但其实已经进入一个新的季节了。

每年太阳到达黄经135度的时候，立秋就到了。"立"是开始的意思，"秋"是指庄稼成熟的季节。"立秋"就表示暑去凉来，到了秋收的季节。《礼记·月令》里面曾经说过："立春，正月节。立，建始也。五行之气，往者过，来者续。于此而春木之气始至，故谓之立也。立夏、秋、冬同。"也就是说这样一个更迭的门槛，这样一个开始的仪式，四个季节都是相同的。所以过去天子在四立的时节都要有大规模的祭祀活动。立秋是夏秋之交，是"五行之气，往者过，来者续"的一个节点。我们来看"立"字的甲骨文，写得很简单，小篆也相去不远。

甲骨文·立　　小篆·立

"立"是什么？《说文解字》说，"立，住也。从大立一之上。""大"我们以前讲过，就像一个长大了的人，叉开双腿伸开双臂，站在地平线上，所以"立"本身就是站立之意。后来又引申出了建立、设立、确立种种意思。

我们常说的"春去秋来"、"沐春风而思飞扬，临秋云而思浩荡"，这个"秋"都是指秋天。那么我们就来看看这个"秋"字。在这个字形里，其实不太容易找到它最初的样子。

甲骨文·秋

甲骨文的"秋"字好复杂，这是个象形字，大家看得出来吗？这是个小蟋蟀，惟妙惟肖的，是蟋蟀振翅鸣叫的样子。大家能从这字形里看见它头顶上那两根触须吗？还有下面两条很粗壮的后腿，背上还有一对又薄又透明的羽翼。

古代幽州地区有谚语说："促织鸣，懒妇惊。"就是懒媳妇听见蟋蟀的叫声，心里就一惊。你说她惊什么啊？就是手不勤快，没给家人准备冬衣呢！这蟋蟀一叫，天马上就凉了。所以在催快点快点，要缝制寒衣了！大家知道，写蟋蟀的故事，在《聊斋志异》[1]里面，题目就叫《促织》。什么叫促织？就是催着人赶紧织布，赶紧备冬衣。所以甲骨文里这个"秋"还有个写法，就是在象形的蟋蟀底下，再加一把火，写成这个样子：

甲骨文·秋

"火"字为什么在蟋蟀底下？其实这就是先民焚田杀虫的习俗。后来到了小篆的时候进一步简化，就简化成现在这个样子。这个"禾"跟"火"一调过来，就成

[1]《聊斋志异》简称《聊斋》，俗名《鬼狐传》，是中国清朝著名小说家蒲松龄创作的文言短篇小说集。

了今天通行的"秋"字了。

小篆·秋

"秋"字的小篆，具体表达了秋天这个季节火烧秸秆的现象。这个禾苗的"禾"字凸显出来，就表示禾谷成熟。烧了这些秸秆以后再去准备下一轮的播种，所以要突出这个"火"字。

《说文解字》说，"秋，禾谷熟也。"也就是庄稼成熟，万物都开始要收获的时候就是秋天。所以它逐渐就被用来代表一年中的第三个季节，也即最重要的收获的季节。

这一个节气也分成三候。"初候凉风至"，凉风扑扑拉拉吹过来了，天气肃杀下来，不再是暑天中的热浪滚滚了。这个时候我们国家好多地方开始刮偏北风，就带来凉意了。"二候白露降"，因为白天日照强烈，那晚上的风跟白天的暑气碰在一起就形成了昼夜的温差，空气里的水蒸气就在室外的一些植物叶子上凝成了薄薄的晶莹的露珠。到"三候寒蝉鸣",这时候的蝉食物很充足,温度又很舒服,所以这是蝉最得意的时候,伏在微风吹动的树枝上,不停地叫着告诉人们,夏天即将过去了。

当然从感知上来讲,立秋的时候暑热还没有消退,秋阳的肆虐依然是很厉害的。中国有所谓"秋老虎"的说法,就是三伏天的末伏还在立秋之后,俗话说"秋后一伏热死人"。这个感觉过去在南方最明显(这些年北方的天气也变暖了),在很多地方,天气的这种热里面还加着湿气,所以按中医的说法,立秋到秋分这一段日子叫长夏。就是夏天拖着一个尾巴,拖到了这个时节。《黄帝内经·素问》里面提到"长夏胜冬"、"春夏养阳",这是个养生的季节。传统的中医都强调天人和谐,人体是个小宇宙,顺应四时的养生要知道春生夏长,秋收冬藏。要想延年益寿,一定要顺应每个节候的变化,人是不敢反时节任性的。立秋既然由暑热开始转向清凉,那么阳气收敛、阴气增长,这个时候其实就到了一个特别重要的调节期,人的饮食起居都应该从放到收了。

立秋时节自古而今,南北各地是有不同风俗的。

清代在立秋的这天，会悬秤称人。人上秤为什么呢？咱们现在有一种说法叫苦夏，就是到了夏天天太热没胃口，又流汗多睡觉少，容易消瘦。所以到立秋的时候称一下体重，这个人苦夏期间到底减了多少分量？过去可不认为瘦就是美，认为瘦了就得补补，所以叫贴秋膘。也就是到了这个时候该吃肉进补了。为什么古人不以瘦为美呢？你看看这个字，瘦字是个什么偏旁？是病字旁。过去认为一个人是得了疾病他才瘦。那瘦了当然就要补，补就是要让你胖，也就是贴膘。所以以肉贴膘，是现在中国北方还流传着的习俗。当然姑娘们可不愿意贴秋膘。

其实在南方，像湖南、江西、安徽这些地方，还有晒秋的习俗。就是到每年立秋的时候，农民在房前屋后，自己家的窗台屋顶上，都晒着各种农作物，久而久之，晒秋就变成一个农耕的庆典，大家晒着富裕，晒着收成，晒着喜悦。

这个时候什么叶子最先落？往往是梧桐叶先落下来。所谓"一叶知秋，万叶秋声"，宋代立秋的这一天要把宫里面盆栽的梧桐移入到大殿之内。等到立秋时辰一到，太史官就高声禀奏"秋来了"，梧桐就要进去了，那这一搬一移，梧桐就哗啦啦掉下来几片叶子。这就是它来报秋了。

南宋诗人刘翰曾经写过《立秋》这首诗，诗里说"乳鸦啼散玉屏空，一枕新凉一扇风。睡起秋声无觅处，满阶梧桐月明中"。这个时候小乌鸦它的叫声都散尽了，只有玉色的屏风，空空的，寂寞的，还立在那儿。突然之间起风了，习习的秋风送来了那种清爽新凉，就好像床边上有人用绢扇给你扇着一样。朦朦胧胧听到了秋风至，但起来去找的时候，什么都找不见。就看见满阶梧桐叶，溶在朗朗月色中。这是个多么美好的境界啊！所以这样的时候中国人写落叶，这是秋天独有的意象。

我们很多人都读过元代散曲作家徐再思写的那首小令："一声梧叶一声秋，一点芭蕉一点愁，三更归梦三更后。落灯花棋未收，叹新丰孤馆人留。枕上十年事，江南二老忧，都到心头。"这就是听见了梧桐雨，一声梧叶一声秋，秋天来了。接着听见了雨打芭蕉，一点芭蕉一点愁，愁起了。三更归梦三更后，他乡客子，半夜梦断人还没走，一看灯花已经快要灭了，残局棋还没有收，人就在一个小旅馆里面，这一瞬间内心的悲凉。

"枕上十年事",这是夫妻之情。"江南二老忧",这是对父母的惦记到心头。想自己的妻儿,想自己的父母,但是人在他乡。

为什么秋天人格外思乡呢?是因为一年的奔波行走,到了秋天没回来,基本上这一年又见不着了。因为冬天的寒冷,交通的不便利,几乎没有人会选择在风险很大的冬天回来。所以秋天是归来的时节,秋天也是忧伤的时节。你看"愁"字怎么写?"何处合成愁,离人心上秋"[1],分离的人心上压着的朦胧秋色,放不下的惦记牵挂就是愁起处。

立秋的时节已经来了,我们的心里还有什么样的眷恋牵挂呢?秋天是一个色彩浓郁缤纷、最为美丽的季节,是一个硕果累累、最为丰硕的收获季节。但秋天也是一个悲凉的季节、肃杀的季节,也是一个诗词歌赋像硕果一样蓬勃而出的季节。在这个秋天,你有什么样的感受呢?立秋了,整理整理我们入秋的心情吧。

---

1 宋·吴文英《唐多令·惜别》:
何处合成愁,离人心上秋。纵芭蕉、不雨也飕飕。都道晚凉天气好,有明月、怕登楼。
年事梦中休,花空烟水流。燕辞归、客尚淹留。垂柳不萦裙带住,漫长是、系行舟。

扫一扫
听于丹老师讲节气节日

处暑

山明水净夜来霜，
数树深红出浅黄

立秋已经过去，天气应该逐渐转凉了，但是有好多地方，特别是南方，还是会出现秋老虎的现象。过去我们说，"小暑大暑，上蒸下煮"，可是老话还有一说："大暑小暑不是暑，立秋处暑正当暑，暑毒赛过虎。"也就是说，处暑其实是秋天最热的时候。秋老虎指什么时候呢？是指立秋以后有很短一段回热的天气，往往在处暑的尾声。"暑"这个字，咱们以前讲过，是炎热的意思，所以俗语里面有"争秋夺暑"的说法。也就是说，在立秋和处暑之间的时段，虽然秋天从季节意义上说已经来临了，但夏天的暑气还没有消退下去。

前面我们讲过小暑和大暑，现在要说到处暑了，这是二十四节气中第十四个节气，也是"秋处露秋寒霜降"的第二个字，排在立秋之后。交节的时间点是在公历的 8 月 23 日前后，也就是说出了末伏了。太阳这个时候到达黄经 150 度。民谚中就说："七月大暑和小暑，立秋处暑八月间。"

那为什么要称为处暑？我们看看这个"处"字。

金文·处

金文的字形，看上去好似头戴虎皮冠的一个人，在茶几旁边坐着休息。《说文解字》里面解释说，处就是"止也，得几而止"。在这个小茶几旁边停下来了。所以"处"的本义就是停止、止息。后来又引申为居住、居处的意思。处暑是什么？就是暑热终止，开始进入秋高气爽的时节。

我们翻翻古文献，在《月令七十二候集解》里面就解释说："七月中，处，止也，暑气至此而止矣。"在《群芳谱》里面解释得更形象，说："阴气渐长，暑将伏而潜处也。"季候走到这个时候，暑热已经潜伏起来了，不再像大暑小暑时那么肆虐，剩下的就是余热了。

处暑有三候："一候鹰乃祭鸟，二候天地始肃，三候禾乃登。"什么叫"鹰乃祭鸟"？古人称鹰为义禽，秋气肃杀，鹰感觉到杀气了，磨利了爪子，眼睛明亮，开始大肆捕猎鸟类。但是它在吃猎物之前，一定要像祭祀那样把食物陈列开来，所以称为"祭鸟"。

到第二候，什么叫"天地始肃"？现在经常形容天气说"肃杀"，这个"肃"是衰落、萎缩的意思。到这个时候，天地间万物由盛夏的葱茏蓬勃开始走向凋零，逐渐有了肃杀之气。所以你看诗人笔下这个时候的秋天是个什么样子呢？刘禹锡就曾经写过，"山明水净夜来霜"[1]，就是说天地都是清净的，开始带上霜了。"数树深红出浅黄"，你看山上的枫叶黄栌，都是深深浅浅的黄色与红色的交叠。人感觉到天地的这种肃杀之气，心情是爽朗的，反而不像春天那些花花朵朵拥挤在一起，让人心里面发狂。这就是二候"天地始肃"，秋意渐浓，天地肃杀。在这个时候，人也应该顺应自然，开始收敛了。

"三候禾乃登。"这个"禾"泛指黍、稷、稻、粱，这些农作物都算是"禾"。"登"是什么意思？还要从字的本义来看。

1
刘禹锡《秋词二首》其二：
山明水净夜来霜，
数树深红出浅黄。
试上高楼清入骨，
岂如春色嗾人狂。

甲骨文·登

大家看到甲骨文这个字形了吗？像不像两只手，捧着食物的器皿在进献的样子？所以"登"字的本义就是进献。在祭祀的时候，人们用获得的种种新稻谷来祭祀神灵，所以"登"字就引申出了成熟的意思。要不然怎么有"五谷丰登"这个说法？谚语里面也说"处暑满地黄，家家修廪仓"。廪仓，就是米仓、粮仓。还有一个说法叫"家家场中打稻忙"，家家户户都在忙着打稻子，就是为了让它及时收入仓库。

有一句俗话说，"处暑过，暑气止"，天上那些云彩也就逐渐疏散了。为什么说"秋高气爽"？因为天空显得格外高远、辽阔，人呼吸的空气也仿佛干爽、明快了许多。你看天上，不再像夏天的时候有大朵大朵成块的浓云，更多时候云彩像薄薄的棉絮片一样，撕成一丝一缕的。所以民间说"七月八月看巧云"，巧云的样子就是这样轻盈灵巧的。

"离离暑云散，袅袅凉风起。池上秋又来，荷花半成子。"暑气消散，凉风吹拂，一池秋水，半是荷花半是莲子。写得多生动，这就是白居易写的《早秋曲江感怀》[1]，也是中国古人应时而动写出来的诗篇。

处暑节气前后，民间有一些重要的民俗活动，往往跟祭祖、迎接秋天有关。我们经常说的"中元节"，俗称"七月半"，就是在阴历这个时候。旧时候民间从七月初一开始，就有开鬼门的仪式，直到月底关鬼门，所以"七月半"在中国民间也叫"鬼节"，有很多人家会在中元节的夜晚烧纸。这种浓重的祭祀氛围会持续一个月，所以很多地方要搭建一些祭坛、祭棚。直到今天，在这个时候举行重大祭祀活动的习惯还在延续。

七月还有放河灯的习俗。河灯也叫"荷花灯"，就是在底座上放灯盏或者蜡烛，上面做成荷花或其他样子，然后在中元节的时候，亮亮堂堂的，放在江河湖海中，让它随波漂流。过去放河灯有一个说法，是为了普度那些落水鬼和其他孤魂野鬼。人间给的这一点明亮、温暖、牵挂、指引，代表着一份善意。而现在有很多小孩子放河灯，则纯粹是觉得好玩儿。

跟人们的劳作收获有关的，还在于这个时候渔民也遇见了大日子，那就是"开渔节"。因为此时海域里面

---

[1] 白居易《早秋曲江感怀》：离离暑云散，袅袅凉风起。池上秋又来，荷花半成子。朱颜易销歇，白日无穷已。人寿不如山，年光忽于水。青芜与红蓼，岁岁秋相似。去岁此悲秋，今秋复来此。

的水温还是偏高的，没有完全冷下去，鱼群还没游走，停留在这片海域里。特别是经历夏季之后，鱼虾贝类发育都很成熟、饱满。这个时候人们是可以享受到很多海鲜的，这是一个大大的开渔节。

到了这个时节，天气正好在由热转凉之际，自然界蓬勃饱满的阳气，逐渐转向收敛了，人体里的阴阳盛衰，也要趋于平衡了。过去有个说法叫"春困秋乏"，大季节转换的时候，人还是要给自己一个适应期的。天短了，人的睡眠要充足，这样才能缓解秋乏。

饮食方面，处暑的时候因为天气干燥，人还是要吃一点润燥滋阴的食物。少吃辣的，多吃点酸性的食物，增强肝脏的功能。像西瓜这种大寒的瓜果，这个时候就不能像夏天吃得那么多了。但是像苹果、梨，特别是葡萄都是滋阴的，这个季节正好是最甜的时候。

这个时节宜吃清热、降燥、安神的食物，比如民间特别看重的银耳百合莲子羹，至今还常常是家里面自己做的小甜点。再有，大家总说吃鸭子是凉血的，而做鸭子的方法五花八门。在北京，无论请外国的朋友，还是请远方的亲戚，总要吃顿烤鸭吧？如果在南京，就会吃盐水鸭、老鸭煲。各地都有自己做鸭子的办法，而在秋天这个时候无疑都是最合适的。所以俗话里有这么一说:"处暑送鸭,无病各家。"

都说"处暑无三日,新凉直万金"[1],暑热终于要散尽了,一个灿烂的金秋如期而至。马上要走到秋天了,我们看见了那种萧瑟悲凉,不如一起来念一念刘禹锡的诗:"自古逢秋悲寂寥,我言秋日胜春朝。晴空一鹤排云上,便引诗情到碧霄。"[2] 你的诗情准备好了吗?

[1] 出自宋朝苏泂的《长江二首》其一

[2] 出自刘禹锡《秋词二首》其一

扫一扫
听于丹老师讲节气节日

白露

蒹葭苍苍，白露为霜

《诗经·蒹葭》有云："蒹葭苍苍，白露为霜。所谓伊人，在水一方。溯洄从之，道阻且长。溯游从之，宛在水中央。"诗歌在开篇采用起兴的写作手法，"白露"这一意象将整首诗歌笼罩在感伤的意境之中。白露是典型的秋季节令，反映了自然界的气温变化，也是二十四节气中的第十五个节气。今天我们就来了解一下白露。

《月令七十二候集解》对"白露"的解释为："水土湿气凝而为露，秋属金，金色白，白者露之色，而气始寒也。" 这个时候气温下降，由于地面温度降低，水汽凝结成了小水珠。古人以四时配五行，秋属金，然而凝结在地面或者物体表面的露水经过清晨阳光的反射，看上去就像白色一样，露水凝聚而色白，故而取

"白"字来形容秋露,这也成为其最具代表性的物候特征,因此就把"白露"定为节气的名字。也就是说,"白露"二字分别取白色、露水之义。接下来我们结合具体字形来看。

甲骨文·白

关于"白"字的构形一直有争议,一说为象形字,象拇指之形;一说"白"本义为白米粒,《说文解字》怎么解释呢?说"白"为"西方色也"。按照阴阳五行说,西方属金,当为白色。商承祚《说文中之古文考》[1]中也有:"从日锐顶,象日始出地面,光闪耀如尖锐。天色已白,故曰白也。"

"白"常用的就是白色这个意思,如《诗经·小雅·白驹》:"皎皎白驹,食我场苗。""白驹"就是小白马。"白"还可引申为明亮,如"雄鸡一唱天下白",还可引申为明白、辩白等义,如《楚辞·九章·惜诵》:"情沉抑而不达兮,又蔽而莫之白也。"什么意思呢?心情郁郁难以倾诉畅达,君王受蒙蔽无法

[1] 《说文中之古文考》,商承祚著,利用大量传世和出土文字对《说文》古文进行全面疏证

表明忠心。"白"还有"告诉"的意思,如《古诗为焦仲卿妻作》[1]:"便可白公姥,及时相遣归。"你现在就可以去禀告婆婆,趁早把我遣送回娘家。但是"白"与"告"还有所不同,"白"带有恳切的色彩,有剖析、说明的意思,而且"白"是陈述,所以多用于下对上,也用于身份相近的人。

小篆·露

我们再来看"露"字。"露"字的古今字形并没有大的改变,《说文解字》解释为:"润泽也,从雨路声。"本义应当就是指露水,表示"润泽"义应当是引申义,露水是空气中的水蒸气遇冷时变成水珠附着在固体上,古人以为天将似雨,因此从雨。此时"露"读为lù,"露"是个多音字,还可读作lòu,常用于口语中,如"露马脚"等。

我们知道,白露是二十四节气之一,时值每年公历的9月7日前后,此时气温开始下降,天气转凉,早晨草木上有了露水。白露后,我国大部分地区降水显著减

---

[1] 《古诗为焦仲卿妻作》,又名《孔雀东南飞》,是中国文学史上第一部长篇叙事诗

少，气温逐渐转凉，俗话说："白露秋分夜，一夜冷一夜。"《礼记·月令》中描述白露的景象是："（仲秋之月）盲风至，鸿雁来，玄鸟归，群鸟养羞。""盲风"也就是疾风，"养"是贮藏，"羞"同"馐"，即食物，意思就是八月开始刮大风，大雁从北方飞来，燕子向南方飞去，群鸟开始贮藏过冬的食物。上述物象变化在《逸周书·时训解》中演变成了白露节气的"三候"："白露之日，鸿雁来；又五日，玄鸟归；又五日，群鸟养羞。"一候"鸿雁来"，这个时候，北方变冷了，候鸟大雁就成群结队地飞到南方过冬了。二候"玄鸟归"，燕子也要飞到温暖的南方啦。三候"群鸟养羞"，此时，很多鸟儿开始储存食物，以备在寒冷的冬天食用。《逸周书·时训解》还称："鸿雁不来，远人背叛；玄鸟不归，家室离散；群鸟不羞，下臣骄慢。"如果上述的"候应"不能如期而至，相应地就会有丈夫背叛、家庭离散、臣子骄纵等事情发生。

白居易《南湖晚秋》[1]一诗中就有描写白露三候的情景："八月白露降，湖中水方老。旦夕秋风多，衰荷半倾倒。"写出了白露时节萧索的湖中景色。唐代元稹还有《咏廿四气诗·白露八月节》："露沾蔬草白，天

---

[1] 白居易《南湖晚秋》：八月白露降，湖中水方老。旦夕秋风多，衰荷半倾倒。手攀青枫树，足踏黄芦草。惨澹老容颜，冷落秋怀抱。有兄在淮楚，有弟在蜀道。万里何时来，烟波白浩浩。

气转青高。叶下和秋吹,惊看两鬓毛。养羞因野鸟,为客讶蓬蒿。火急收田种,晨昏莫辞劳。"诗人以白露的三候为铺垫,最后聚焦于农家的收秋。

古人的诗文作品中经常出现"白露"的意象。如杜甫《月夜忆舍弟》:"戍鼓断人行,边秋一雁声。露从今夜白,月是故乡明。有弟皆分散,无家问死生。寄书长不达,况乃未休兵。"这首诗是759年(乾元二年)秋杜甫在秦州所作。这一年的九月正值安史之乱,由于战事阻隔,与亲人音信不通,杜甫颠沛流离,备尝艰辛,既怀家愁,又忧国难,真是感慨万端。《月夜忆舍弟》即是他当时思想感情的真实记录。诗中写兄弟因战乱而离散,杳无音信,在异乡的戍鼓和孤雁声中观赏秋夜月露,只能倍增思乡忆弟之情。"露从今夜白",既是写景,也点明了时令,那是在白露节的夜晚,清露盈盈,令人寒意顿生。

此外,魏晋时期政治家曹丕《杂诗》中有"彷徨忽已久,白露沾我裳";"建安七子"之一王粲的《七哀诗》中有"迅风拂裳袂,白露沾衣襟";唐代诗人李白《玉阶怨》[1]"玉阶生白露,夜久侵罗袜",白居易《效陶潜体诗十六首》"清光入杯杓,白露生衣巾"等等,

---

[1] 李白《玉阶怨》:
玉阶生白露,夜久侵罗袜。
却下水晶帘,玲珑望秋月。

都是引情入境的佳句。由于秋季早晚温差变大，露水形成在半夜和清晨，故而诗歌中多写到白露与夜的互依，这既是自然现象的写实，更是诗人们在这样的季节中参透的感伤。

秋分

落花听雨，折桂香远

俗话说"春分秋分，昼夜平分"，在春分或是秋分这天，太阳几乎直射地球赤道，所以全球各地昼夜等长。正如古籍《春秋繁露》里边说的："秋分者，阴阳相半也，故昼夜均而寒暑平。"而秋分过后，太阳继续由赤道向南半球推移，北半球各地开始昼短夜长，也就是说秋分是我国昼短夜长开始的分界点。

每年的9月23日前后，当太阳到达黄经180度的时候，就进入秋分节气了。关于"秋"和"分"字的造意和词义的历史演变，我们之前在说"立秋"和"春分"的时候已经讲过了，那么秋分除了将昼夜均分之外，还有什么样的特点呢？

在秋分这一天，昼夜平分，白天和黑夜等长，都是12小时，这是其中一层意思。另外呢，我国古代以立春、立夏、立秋、立冬为四季开始的季节划分方法，立秋是秋季的开始，霜降是秋天的结束，而秋分日恰好处于从立秋到霜降90天的中间点，平分了秋季，这就是秋分节气的两层含义。那么这时候，会有一些什么特点让我们察觉到秋分时节的来临呢？

我国古代将秋分分为三候。"一候雷始收声"，古人认为雷是因为阳气盛而发声，而秋分后阴气开始旺盛，所以不再打雷了。"二候蛰虫坯（pī）户"，就是说天气变冷，蛰居的小虫开始藏入穴中，并且用细土将洞口封起来，以防寒气侵入。"三候水始涸"，《礼记》注解说："水本气之所为，春夏气至，故长，秋冬气返，故涸也。"意思是说秋分时节降雨逐渐减少，天气开始变得干燥，水汽蒸发快了，所以湖泊与河流的水量也变少，一些沼泽、水洼甚至变得干涸。凡事都是有迹可循的，古人强调天人合一的观念，根据对大自然细微变化的观察，便能清楚知道季节的变迁和节气的特点了。

《春秋繁露·阴阳出入上下篇》里边对秋分时节的特点有着十分到位的认识："秋分者，阴阳相半也，故昼夜均而寒暑平。金风送爽，雁字横秋。草木染黄，凉蟾光满。落花听雨,折桂香远。石榴满坼,木樨清露,别有微凉。"秋分时节,北方大部分地区雨季刚刚结束,凉风习习,晴空万里,正是秋高气爽、桂花飘香的时节。凉爽的天气总是带给人舒爽的体验,那么何谓"爽"呢?我们今天常说的清爽、爽朗、爽快这些词语似乎都给人一种明朗、利落、痛快的感觉。

甲骨文·爽　金文·爽　小篆·爽

"爽"这个字,它的甲骨文像什么呢?很明显有一个人,这个人正面站立,张开双臂,他的腋下有两团火(也有人说像两盆火),合起来就表示明亮的意思。而商代到西周时候的金文,这人还在,可他腋下的两团火却不那么像了,笔画越来越简单。后来的小篆,基本就是今天的写法了。

《说文解字》解释说:"爽,明也。"也就是说"爽"的本义是明亮。比如《孔子家语·五仪》里边说的:"昧爽夙兴,正其衣冠。"就是说天快要亮的时候就起床,把衣帽都穿戴整齐。后来"爽"引申出明快、开朗的意思。今天不少人看到"屡试不爽"这个成语就容易望文生义，误解为试了很多次都觉得不爽，都不成功。其实只要联想一下《诗经·卫风·氓》里的"女也不爽，士贰其行"这两句诗就知道，这里的"爽"并不是爽快、痛快的意思，而是指差错。这是弃妇控诉丈夫负心把她抛弃，说"我做妻子也没有差错，你做丈夫却太无情"。这是"爽"的引申义——差错，所以"屡试不爽"应该是多次试验都没有差错的意思。

那么在秋分日这一天，民间都有哪些流传至今的习俗呢？

广为流传的风俗活动当数祭月了。古时候有"春祭日，秋祭月"这个说法，根据史书记载，早在周朝，古代帝王就有春分祭日、夏至祭地、秋分祭月、冬至祭天的习俗。根据考证，最初"祭月节"是定在秋分这一天的，不过由于这一天在农历八月里的日子每年都不同，看到圆月的可能性变动比较大，而祭月的时候没有月亮或是没有圆月那真是大煞风景。所以，后来就将祭月节从秋分日调到中秋了。

除了祭月之外，秋分日还有候南极、竖蛋、吃秋菜、送秋牛等传统习俗。这候南极的习俗到了今天知道的人是少之又少了，那它到底是一种什么样的习俗呢？这要上溯到几千年以前，司马迁的《史记·天官书》里边就记载说："南极老人，治安；常以秋分时，候之于南郊。"这南极老人，其实就是指南极星，也是我国传统神话传说里的南极仙翁。相传他是元始天尊座下大弟子，主要负责凡人的寿元，所以人们也称他为寿星。古时候把南极星的出现看成是祥瑞的象征，唐代张守节给《史记》作注解就说："老人一星，在弧南，一曰南极，为人主占寿命延长之应。常以秋分之曙见于景，……见（xiàn），国长命，故谓之寿昌，天下安宁；不见，人主忧也。"所以古代帝王就会在秋分这一天的早晨，率领文武百官到城外南郊迎接南极星。根据天体运行的规律，生活在北半球的人，一年里只有在秋分以后才能看到南极星，而且南极星一闪而逝，极难看到，春分过后，那是完全看不到的。

和春分一样，每年秋分来临之际，我国很多地方都要在这天举行"竖蛋"的趣味活动。所谓的"竖蛋"是说选择一个光滑、匀称、刚生下四五天的新鲜鸡蛋，轻轻地在桌子上把它竖起来。为什么会选择在春分、秋分这两天把鸡蛋竖起来呢？因为这两天鸡蛋比较容易立起来，一是春分和秋分是南北半球昼夜平分的日子，地球地轴与地球绕日公转的轨道平面处于一种力的相对平衡状态，有利于竖蛋；二是春分和秋分时值春季和秋季的中间，天气不冷不热，身心舒畅，动作利索，这样竖蛋相对平时就更容易成功了。

秋分吃秋菜这个习俗流行于岭南地区，"秋菜"是一种野苋菜，乡人称之为"秋碧蒿"。在秋分这天，人们都喜欢去采摘秋菜，那些嫩绿的、细棵的、巴掌长短的就是比较好的秋菜。采回去的秋菜一般是加上鱼片来"滚汤"，这叫"秋汤"。还有顺口溜说："秋汤灌脏，洗涤肝肠。阖家老少，平安健康。"一年至秋，人们祈求的都是家宅平安，身体健康。

至于说送秋牛这个习俗呢，就是把二开红纸或黄纸印上全年的农历节气，再印上农夫耕田的图样，就叫"秋牛图"。送秋牛图的人大多都是些民间善于说唱的人，他们挨家挨户给人送图的时候都会说些和秋耕相关的吉祥话，说得主人乐了，就给他们点赏钱。

俗话说"一场秋雨一场寒"，秋分节气以后就真正进入到了秋季，天气越来越寒凉，在这种时节里我们该注意些什么呢？秋季养生重在益肺润燥，饮食方面可以多喝水,多吃清润、温润的食物,如糯米、蜂蜜、梨等,可以起到滋阴润肺、养阴生津的作用,这也符合"秋冬养阴"的做法。秋季,菊香蟹肥,正是人们品尝螃蟹的大好时光,不过螃蟹是大寒之物,不宜多吃。

秋风飒爽,金秋逐渐来临,我们也做好准备踏入秋冬时节吧。

秋

凉风至,
白露降,
寒蝉鸣。

立秋

鹰乃祭鸟,
天地始肃,
禾乃登。

鸿雁来,
玄鸟归,
群鸟养羞。

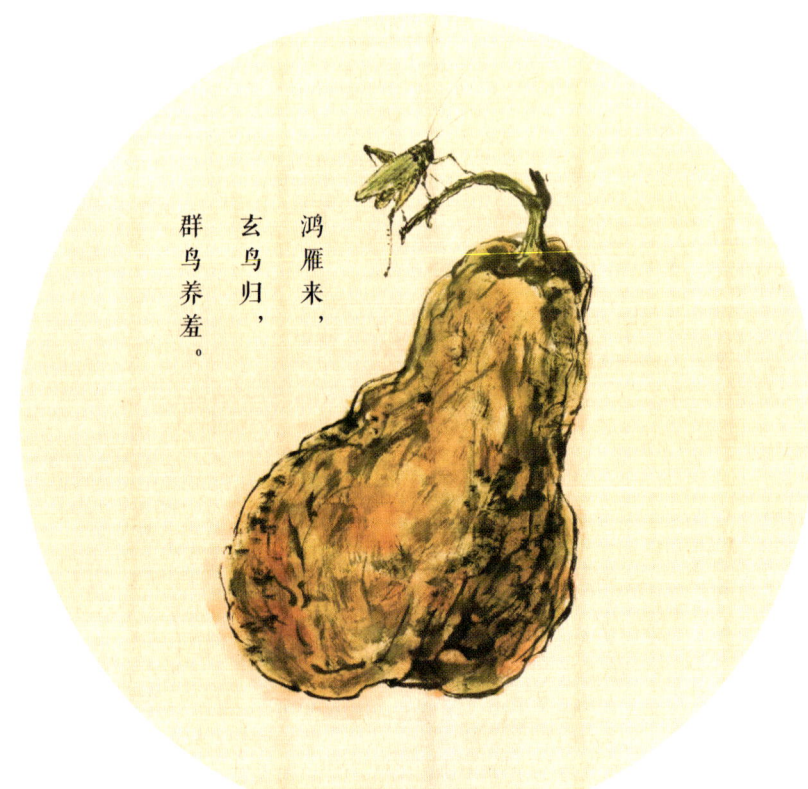

雷始收声,
蛰虫坯户,
水始涸。

秋分

鸿雁来宾,
雀入大水为蛤,
菊有黄华。

豺乃祭兽,
草木黄落,
蛰虫咸俯。

乳鸦啼散玉屏空,一枕新凉一扇风。
睡起秋声无觅处,满阶梧桐月明中。

南宋·刘翰《立秋》

寒露

袅袅凉风动，
凄凄寒露零

白居易有首《池上》诗描写了寒露时节的寥落景象："袅（niǎo）袅凉风动，凄凄寒露零。兰衰花始白，荷破叶犹青。独立栖沙鹤，双飞照水萤。若为寥落境，仍值酒初醒。"秋风变冷，露珠泛着冷光，兰、荷等植物也变得残败，一片萧索之景。

金文·寒

"寒"，金文字形从宀（mián）从茻（mǎng）从人，"宀"表示房屋，"茻"表示众草，整个字形像一个人生活在房屋里，周围裹满了草，表示天气很冷。

小篆·寒

  小篆字形继承了金文的写法,《说文解字》解释为:"寒,冻也。从人在宀下,以草荐覆之,下有仌(bīng)。"段玉裁《说文解字注》:"冻当作冷。"因此"寒"的本义就表示寒冷,如《史记·刺客列传》中就有:"风萧萧兮易水寒",《荀子·劝学》中也有:"冰,水为之而寒于水"。在表示温度时,"寒"常常和燠(yù)、暄等对举。

小篆·燠

  "燠"的本义就是热、暖,《说文解字》解释说:"燠,热在中也。"《诗经·唐风·无衣》:"岂曰无衣?六兮。不如子之衣,安且燠兮。"意思是难道说我没衣服穿?我的衣服有六件。但都不如你亲手做的,既舒适又温暖。"暄",《广韵·元韵》[1]解释

---

[1] 《广韵》,北宋陈彭年、丘雍编修,是一部韵书

为："暄，暖也。"因此它的本义就是温暖，如《淮南子》："口鼻之于芳臭也，肌肤之于寒燠也，其情一也。"意思就是口鼻对于香味和臭味的感知与肌肤对于寒暖的反应本质都是相同的。我们也常说"寒暄"一词，"寒暄"既可指冷暖，也可指冬夏，用于动词则表示问候起居寒暖。

由于冬季是寒冷的，所以"寒"还可以表示冬季，而在表示季节的时候，"寒"与"暑"是相对应的，"暑"指夏季的湿热，也指夏季，如《易·系辞上》："日月运行，一寒一暑"，《列子·汤问》中也有："寒暑易节，始一反焉"。

至于"露"字，我们在讲"白露"时已经有所了解，它的本义就是指露水。

寒露，是二十四节气中的第十七个节气，在每年的10月8日或9日，此时太阳到达黄经195度。《月令七十二候集解》中说："九月节，露气寒冷，将凝结也。"寒露是一个反映气候变化特征的节气。在古代把露作为天气转凉变冷的表征，仲秋白露时候"露凝而白"，而寒露的意思则是气温比白露时更低，地面的露水更冷，快要凝结成霜了。如果说白露节气标志着炎热向凉爽的过渡，暑气尚不曾完全消尽，早晨可见露珠晶莹闪光，那么寒露节气则是凉爽向寒冷的转折。正如俗语所说的那样，"寒露寒露，遍地冷露。"民谚有"露水先白而后寒"之说，意为经过白露节气后，露水从初秋泛着一丝凉意转为深秋透着几分寒冷的"白露欲霜"。

随着寒气增长，万物也逐渐萧索，这是热与冷交替的季节。寒露时节有三候。"初候鸿雁来宾"，从白露节气开始，鸿雁南飞，到寒露时应为最后一批。古人称先至者为主，后至者为宾，因此称初候为"鸿雁来宾"。"二候雀入大水为蛤"，传说雀鸟在深秋感知寒冷后，潜入大海变成蛤蜊。古人认为蛤蜊的贝壳花纹与雀鸟相似，还以为是雀鸟变的。"三候菊有黄华"，"华"即"花"，草木皆因阳气而开花，唯独菊花因阴气而开花，其姿色正与晚秋之时相应。唐元稹《咏廿四气诗·寒露九月节》就将寒露时节的景象与物候特点融于诗中："寒露惊秋晚，朝看菊渐黄。千家风扫叶，万里雁随阳。化蛤悲群鸟，收田畏早霜。因知松柏志，冬夏色苍苍。"

俗语云："吃了寒露饭，单衣汉少见。"寒露之后，露水增多，气温更低。此时我国有些地区会出现霜冻，北方已呈深秋景象，白云红叶，偶见早霜，南方也秋意渐浓，蝉噤荷残。寒露与重阳节相近，因此寒露时节也有登高、赏菊、饮菊花酒等习俗。在华南，人们除了赏菊花，还要吃螃蟹、钓鱼。有个说法叫"钓秋边"，到了寒露，气温下降，深水处太阳已经晒不透了，鱼儿便游向水温较高的浅水区，这就是人们所说的"钓秋边"。寒露还是北京、杭州等地市民斗蛐蛐的高潮期。蛐蛐儿也叫促织，一般听见蛐蛐儿叫也就意味着天气转凉变寒了，因此也有"促织鸣，懒妇惊"的说法。

寒露时节还有"吃花糕"的习俗，花糕主要有糙花糕、细花糕等。糙花糕，就是粘些香菜叶为标志，中间夹上青果、小枣、核桃仁之类的干果；细花糕有三层、二层不等，每层中间都夹有较细的蜜饯干果，如苹果脯、桃脯、杏脯、乌枣之类。

寒露到了，天气由凉爽转向寒冷。根据"春夏养阳，秋冬养阴"的四时养生理论，这时人们应养阴防燥、润肺益胃。于是，民间就有了"寒露吃芝麻"的习俗。在北京，与芝麻有关的食品都成了寒露前后的热门货,如芝麻酥、芝麻绿豆糕、芝麻烧饼等。

　　寒露是秋收、秋种、秋管的重要时期,寒露的到来意味着许多农事需加紧进行,否则会影响来年的丰收情况。在北方有"寒露时节人人忙,种麦摘花打豆场"的说法,老百姓忙于播种小麦、采摘棉花、刨红薯等农活的收尾工作,所以就有"寒露种小麦,种一碗,收一斗"、"晚种一天,少收一石"的谚语。北方产棉地区进入最后的棉花采摘时期。棉花怕霜冻,因此只要天不下雨,棉农们就下地赶在霜前抓紧采摘棉花,以防棉花遭霜打质量降低,棉花减产,这就是人们常说的"寒露不摘棉,霜打莫怨天"。此外,红薯对霜冻也十分敏感,易因受冻出现薯块"硬心"现象,导致红薯减产,所以人们也多在寒露期间收获完毕。

霜降

月落乌啼霜满天，
江枫渔火对愁眠

"月落乌啼霜满天，江枫渔火对愁眠。姑苏城外寒山寺，夜半钟声到客船。"相信大家都读过张继的《枫桥夜泊》，这首脍炙人口的小诗，以倒叙的笔法，先写拂晓时的景象：月落、乌啼、霜满天、江枫、渔火，以及泊船上一夜未眠的客人，然后追忆昨夜的景色及夜半钟声，意境清幽寂远，诗人旅途中的孤寂忧愁之感扑面而来。诗中的"霜满天"，给人一种肃杀凄寒之感。今天我们就来了解一下二十四节气中的"霜降"。

小篆·霜

"霜"是形声字,从雨相声。《说文解字》解释为:"霜,丧也。成物者。"意思就是霜能使万物衰败,也能成就万物。段玉裁《说文解字注》解释为"霜降而收缩万物"。我们知道,霜其实是靠近地表的气温降到0℃以下时,所含的水汽附着在地面上或靠近地面的物体上,而凝结成的白色晶体,很容易形成"枯草霜花白"的景象,所以有"霜降杀百草"一说。霜降时节,气温下降,植物逐渐凋零,候鸟南飞,冬眠的动物也在为安然过冬做准备。为什么又说霜是成就万物的东西呢?张舜徽《说文解字约注》说:"夫春生夏长,至秋而收。古人论及岁功,至秋而止,要皆以农事为准。"所以"丧与成,似相反而实相成"。

甲骨文·降

再来看"降"字。"降"字的甲骨文字形其中一边为"阜",叶玉森《文字编》对"阜"的解释是"象土山高峭"。即有阶级的山坡。另一边是一前一后的两只脚,脚趾所指的方向是向下,即下山的方向,因此

"降"的本义就是从高山上走下来,即下山。

小篆·降

小篆字形左边为"阜",右边的"夅"(jiàng)当是由甲骨文字形中的两只脚讹变而来,《说文解字》解释为"下也",也是其本义的引申义。《荀子·议兵》:"若时雨之降,莫不说(悦)喜。"意思就是如同下了一场及时雨,没有一个人不高兴。因此霜降,古人就认为是天气渐冷、开始降霜的意思。

俗话说"寒露不算冷,霜降变了天"。寒露后十五日为霜降。霜降节气,时值每年公历的10月23日前后,太阳到达黄经210度。"霜降碧天静,秋事促西风。"[1] 此时天气渐冷、初霜出现,是秋季的最后一个节气,也意味着冬天的开始。人们一般把秋季出现的第一次霜叫早霜或初霜,而把春季出现的最后一次霜称为晚霜或终霜。从终霜到初霜的间隔时期,就是无霜期。也有把早霜叫菊花霜的,因为此时菊花盛开。北宋大文学家苏轼有诗曰:"千林扫作一番黄,只有芙蓉独自

[1] 宋·叶梦得《水调歌头·九月望日与客习射西园余偶病不能射》:霜降碧天静,秋事促西风。寒声隐地,初听中夜入梧桐。起瞰高城回望,寥落关河千里,一醉与君同。叠鼓闹清晓,飞骑引雕弓。岁将晚,客争笑,问衰翁。平生豪气安在,沈领为谁雄。何似当筵虎士,挥手弦声响处,双雁落遥空。老矣真堪愧,回首望云中。

芳。"[1]《月令七十二候集解》中说："九月中，气肃而凝，露结为霜矣。"古人认为"霜"是由露凝结而成，所以霜降是表示天气寒冷，大地将产生初霜的现象。

唐元稹《咏廿四气诗·霜降九月中》一诗描写了霜降时节的物候："风卷晴霜尽，空天万里霜。野豺先祭月，仙菊遇重阳。秋色悲疏木，鸿鸣忆故乡。谁知一樽酒，能使百秋亡。"诗中写了霜降时节云尽天高、木落雁飞的景象，也写到了"豺祭兽"的典故。

顾名思义，霜降是一个反映物候变化的节气。我国古代将霜降分为三候。"一候豺乃祭兽"，豺狼杀兽而陈之，宛若祭祀，是说豺狼将捕获的猎物先陈列再食用，就像祭祀一样。"二候草木黄落"，是说大地上的树叶枯黄掉落，陆游就有诗描写霜降将至的景象："草木初黄落，风云屡阖开"。[2] "三候蛰虫咸俯"，蛰虫就是藏在泥土中过冬的虫豸，霜降之后，蛰虫也全部藏进洞中，不动不食，进入冬眠，正如黄庭坚在《谪居黔南十首·其二》中所描写的："霜降水反壑，风落木归山。冉冉岁华晚，昆虫皆闭关。"有一个成语就叫鸿飞霜降，鸿雁为候鸟，每年深秋归飞，其时开始霜降，因

---

[1] 苏轼《和陈述古拒霜花》：
千林扫作一番黄，
只有芙蓉独自芳。
唤作拒霜知未称，
细思却是最宜霜

[2] 陆游《霜降前四日颇寒》：
草木初黄落，风云屡阖开
儿童锄麦罢，邻里赛神回
鹰击喜霜近，鹳鸣知雨来
盛衰君勿叹，已有复燃灰

而用以指时序的变化和年岁的更换。清蒲松龄《与张历友书》中就有："鸿飞霜降，不知几度，云树之思，无日忘之。"

饮食养生方面，霜降时节也适宜进补，民间有谚语说："补冬不如补霜降"，强调霜降进补的重要性。中医养生学提出"四季五补"：春要升补、夏要清补、长夏要淡补、秋要平补、冬要温补。《素问·脏气法时论》曰："肺主秋……肺欲收，急食酸以收之，用酸补之，辛泻之。"可见酸味收敛肺气，辛味发散泻肺，秋季宜收不宜散。因此，应少吃一些辛辣的食物，如姜、葱、蒜、辣椒等，多吃苹果、石榴、葡萄、芒果、杨桃、柠檬、山楂等。此外，霜降时还适合吃柿子、栗子、萝卜、梨、洋葱等。有些地方有霜降吃柿子的习俗，认为"霜降吃柿子，冬天不感冒"。柿子一般是在霜降前后完全成熟，元好问《怀益之兄》中就有"春雨蔬成圃，秋霜柿满林"的描写。

这一时节还是出游观景的好时机。霜降过后，枫树、黄栌等树木经历秋霜，开始漫山遍野地变成红黄色，如火似锦，非常壮观，难怪杜牧会有"停车坐爱枫林晚，霜叶红于二月花"[1]的感慨。

[1] 杜牧《山行》：远上寒山石径斜，白云深处有人家。停车坐爱枫林晚，霜叶红于二月花。

大寒　小寒　冬至　大雪　小雪　立冬　冬

立冬

落水荷塘满眼枯，
西风渐作北风呼

"落水荷塘满眼枯，西风渐作北风呼。"[1] 秋收冬藏，西风渐紧，进入农历十月之后，立冬也就到了。立冬与立春、立夏、立秋合称"四立"，都表示新季节的开始。今天我们就来继续了解"立冬"这个节气。

立冬作为冬季的第一个节气，一般在阳历11月7日或8日，此时太阳位于黄经225度。关于立冬，《月令七十二候集解》是这样解释的："立，建始也。冬，终也，万物收藏也。"意思是秋季作物全部收晒完毕收藏入库，动物也已藏起来准备冬眠。此时，"立"表示建始、初始之义，"冬"是终了的意思。我国古时民间习惯以立冬为冬季的开端。

[1] 宋·紫金霜《立冬》：
落水荷塘满眼枯，
西风渐作北风呼。
黄杨倔强尤一色，
白桦优柔以半疏。
门尽冷霜能醒骨，
窗临残照好读书。
拟约三九吟梅雪，
还借自家小火炉。

小寒·冬

《说文解字》对"冬"的解释为:"冬,四时尽也。从仌(bīng)从夂(zhōng)。"此时的"冬"表示四季中的最后一个季节。"夂"是"终"的古文,"仌"古同"冰"。"冬"字中加"仌",即表示冬季寒冷的特点。

由于立冬是冬季的开始,所以古人常在此时用占卜的方法来看冬天的冷暖,如"立冬晴,一冬凌(寒冷);立冬阴,一冬温(温暖)"。

古时人们将立冬分为三候:"一候水始冰,二候地始冻,三候雉入大水为蜃。""一候水始冰",也就是水已经能结成冰。"二候地始冻",土地也开始冻结。"三候雉入大水为蜃","雉"即指野鸡一类的大鸟,"蜃"是形声字,本义指大蛤,《说文解字》解释为:"雉入海化为蜃。"立冬后,野鸡一类的大鸟便不多见了,而海边却可以看到外壳与野鸡的线条及颜色相似的大蛤,因而古人就认为雉变成了大蛤。

唐代诗人元稹《咏廿四气诗》中有《立冬十月节》一诗："霜降向人寒，轻冰渌水漫。蟾[1]将纤影出，雁带几行残。田种收藏了，衣裘制造看。野鸡投水日，化蜃不将难。"诗中就巧含了立冬三候。前几句写天寒水冻，霜降冰结，月影瘦、雁南飞，农作物收获，寒衣也已制成，后两句则是化用了立冬第三候。

古时立冬这天还有"迎冬"与"贺冬"的习俗。"迎"是什么意思呢？《说文解字》解释说："迎，逢也。"《方言》卷一记载："逢、逆，迎也。自关而东曰逆，自关而西或曰迎，或曰逢。"因此"迎"的本义就是迎接的意思。《礼记·月令》有记载："孟冬之月，以立冬前三日，太史谒于天子曰：'某日立冬，盛德在水。天子乃斋。立冬之日，亲率公卿大夫，以迎冬于北郊。'"《吕氏春秋·孟冬》也有记载："立冬之日，天子亲率三公九卿大夫以迎冬于北郊。还，乃赏死事，恤孤寡。"高诱注："先人有死王事以安边社稷者，赏其子孙；有孤寡者，矜恤之。"古人以冬与五方之北、五色之黑相配，因此在立冬这天，天子率领百官出北郊祭祀黑帝，迎接冬日的到来。《后汉书·祭祀志》中也说："立冬之日，迎冬于北郊，祭黑帝玄冥，

[1] 传说月中有蟾蜍，故"蟾"即为月的代称，《古诗十九首》之十七就有："三五明月满，四五蟾兔缺。""蟾兔"即代指月亮

车旗服饰皆黑。"祭祀之后，就赏赐为国家边疆安定而征战牺牲的勇士的子孙，抚恤孤儿寡妇等穷苦之人。

再来看"贺冬"。贺冬也叫拜冬，《说文解字》里说："贺，以礼相奉庆也。"东汉时期，贺冬习俗已然兴起，东汉崔寔《四民月令》记载："冬至之日进酒肴，贺谒君师耆老，一如正日。"冬至这天，人们饮美酒食佳肴，携礼拜见前辈尊长。到了宋代，朝廷朝会庆贺，店肆罢市，人们更换新衣，庆贺往来，如同年节，更为隆重。

虽然立冬已是"万物收藏"，但是许多农事活动并未停止，还有很多民间流行的农事谚语，如"立冬之日起大雾，冬水田里点萝卜"、"立冬种豌豆，一升还一斗"、"立冬天气冷，翻地不能停"等，特别是冬小麦要及时抢播了。

在饮食养生方面，民间谚语有"立冬补冬，补嘴空"，劳动了近一年的人们，立冬这一天要犒赏家人一年来的辛苦。冬季也是进补的好时机，历来有"三九补一冬，来年无病痛"的说法。传统中医理论认为："冬气寒，宜食黍以热性治其寒。"也就是说，冬季应少食生冷，宜有目的地食用一些滋阴潜阳、热量较高的膳食，如牛羊肉、乌鸡、鲫鱼，多饮豆浆、牛奶，同时也要多吃新鲜蔬菜，如萝卜、青菜、豆腐、木耳、银杏果等。

自古立冬多诗情，秋收冬藏，时节转换，最易触动人的情思，引起对生命意义的感发。如宋末元初的仇远在《立冬即事二首》中曰："细雨生寒未有霜，庭前木叶半青黄。小春此去无多日，何处梅花一绽香。"小雨带来寒意，但还没冷到结霜，房子前面的树，叶子已经一半绿一半黄了。寒冬中闻到梅花飘香，似乎又已经嗅到了春意。立冬节气到来，意味着阳气潜藏，阴气盛极，草木凋零，蛰虫伏藏，万物活动趋向休止，以冬眠状态养精蓄锐，为来春生机勃发作准备。所以诗人因景生情，生发出一番感慨。

小雪

迎冬小雪至，
应节晚虹藏

鲁迅先生曾经细致地描写过江南雪景的柔美和北方雪景的壮美，他说："江南的雪，可是滋润美艳之至了；那是还在隐约着的青春的消息，是极壮健的处子的皮肤。……但是，朔方的雪花在纷飞之后，却永远如粉，如沙，他们决不粘连，撒在屋上，地上，枯草上，就是这样。"如果你已经见过南北方的雪景，那你更喜欢哪儿的雪呢？立冬过后，天气一天比一天冷，气温逐渐跌破 0℃，有的地方已经开始降雪，这就迎来了小雪节气。

每年 11 月 22 日前后，当太阳到达黄经 240 度的时候，小雪节气就到了。进入这节气以后，北方开始降雪，但是雪量不大，所以才称为小雪。正如《月令七十二候集解》里边说的："十月中，雨下而为寒气所薄，故凝而为雪。小者未盛之辞。"《群芳谱》中也说："小雪气寒而将雪矣，地寒未甚而雪未大也。"小孩子常常疑惑地问："雪是怎么来的？"鲁迅先生曾说"雪是雨的精魂"。

雪其实是水在空中凝结再落下的自然现象，西汉时的《韩诗外传》里就提到雪的形态："凡草木之花多五出，雪花独六出。"这是说雪在自然万物中形态是很特别的，它是六角形的冰晶，像花儿一样好看，所以也叫雪花。

英国浪漫主义诗人雪莱的《西风颂》里边说："冬天来了，春天还会远吗？"眼前虽是严冬，是冰天雪地，可人的思绪、情感却可以突破时空，仿佛能预见春天一派生意盎然的景象。唐代诗人韩愈就有两句诗说："白雪却嫌春色晚，故穿庭树作飞花"[1]，那白雪似乎嫌弃春天的脚步太慢了，春色来得太迟了，竟然纷纷扬扬，像飘落的花瓣一样穿过庭院中树木的枝丫，自己装点出一派春色来。这就是我们说的景物联想，这是雪与花的微妙关系。我们的汉字就像一幅图画把这景象细致地描绘下来。

我们常常说冰天雪地、冰雪消融，北方人吃冰棍，

[1] 韩愈《春雪》：新年都未有芳华，二月初惊见草芽。白雪却嫌春色晚，故穿庭树作飞花。

南方人吃雪条,那么冰和雪有什么不同呢?

金文·冰

"冰"的金文像不像今天我们看到的冰块呢?左边是"水",右边有两块冻结的冰块。其实"冰"的古字写作"仌",《说文解字》解释说:"仌,冻也。象水凝之形。"段玉裁注解说:"象水初凝之文理也。"意思是说这字形就像水刚刚冻结、凝结成冰时候的纹理。所以有人说这就像是冰花的简易画。

金文·仌 　　小篆·仌

后来为什么写成"冰"呢?因为古时候"仌"这个字形很容易和其他字相混淆,所以人们就借用"冰"来表示"仌"了。

小篆·冰

　　"冰"的小篆，左边自然是"仌"，右边是"水"，《说文解字》解释说："冰，水坚也。从仌从水。"所以，"冰"的本义是水凝结成坚冰，是动词，比如《礼记·月令》："孟冬之月，水始冰；仲冬之月，冰益壮；季冬之月，冰方盛……"这里边的"冰"就表示凝结、凝固。又《公羊传·成公十六年》："春王正月，雨，木冰。"这"木冰"就是说树上结了一层冰。后来，名物化之后，"冰"才表示水在零度以下凝结而成的固体。比如陆机的《苦寒行》："凝冰结重涧，积雪被长峦。"这里边的"凝冰"就是指冻结之冰。这样一来，"仌"和"冰"的用法就融而为一了。

　　简单来说，由水冻结而成的固体就叫冰。我们看冰多是透明无色、光滑的，所以常常用来比喻人心地纯净忠贞，清廉正直。比如王昌龄的两句诗："洛阳亲友如相问，一片冰心在玉壶"[1]，这是诗人表明心志，要是洛阳的亲朋好友询问我的近况，那请告诉他们我依然冰

[1] 王昌龄《芙蓉楼送辛渐》：寒雨连江夜入吴，平明送客楚山孤。洛阳亲友如相问，一片冰心在玉壶。

心一片，装在洁白的玉壶之中。而雪呢，它是由天上的水汽和尘埃结合而成的，有花一样的形状，所以有雪花这一说，它又是白色的，所以有个词儿叫雪白。

回到小雪这一节气上来。除了天气寒冷，开始下点小雪这个时节特征以外，我们还可以从哪些物候来观察小雪节气的到来和演进呢？我国古代将小雪分为三候："一候虹藏不见，二候天气上升地气下降，三候闭塞而成冬。"彩虹是雨后空气中含有无数水滴，折射太阳光形成的，这时候雨季过去，飘下的只有雪花，彩虹自然就不会再出现了。所以唐代徐敞就有这样两句诗："迎冬小雪至，应节晚虹藏。"[1] 这就是小雪的初候。二候天气上升地气下降，三候闭塞而成冬，是说这时候由于天空中的阳气上升，土地中的阴气下降，导致阴阳不交，天地不通，天地闭塞，转入严寒的冬天。河流结冰，庄稼不长，万物失去了生机。

小雪过后，天寒地冻、冰天雪地，动物要蛰伏起来冬眠，同样人们也要储备一些粮食、蔬菜来过冬了。华东江浙一带会在小雪时节腌寒菜。清代厉惕斋在其《真州竹枝词引》中曾描述此情景："小雪后，人家腌菜，曰'寒菜'。"除此之外，人们还把糯米炒熟储存起

---

[1] 唐·徐敞《虹藏不见》：迎冬小雪至，应节晚虹藏。玉气徒成象，星精不散光。美人初比色，飞鸟罢呈祥。石涧收晴影，天津失彩梁。霏霏空暮雨，杳杳映残阳。舒卷应时令，因知圣历长。

来，以供寒冬时泡开水吃。小雪后气温迅速下降，天气变得干燥，是加工腊肉的好时期，所以一些农家也开始自己做香肠、腊肉，等到春节时正好拿出来享用。而在北方，小雪时节，一般人家都要吃涮羊肉。也有人小雪日开始酿酒，称之为"小雪酒"。

小雪天一到，就提醒着人们该御寒保暖了。小雪节气期间可以适当减少户外活动，避免阳气的消耗。天气寒冷时，人体容易患呼吸系统疾病，比如上呼吸道感染、支气管炎等等，尤其是小孩子，在这个季节里，气候变化明显，一不注意穿衣保暖，就容易引起流感和支气管炎。在小雪时节可以继续遵循"薄衣法"，也就是慢慢加衣，不要一下子穿得太厚太臃肿。注意保暖的同时，也不能穿多了冒汗，因为汗孔大开，就容易引风邪寒气侵入人体。除了御寒保暖，增加人体的热量是非常必要的。在这个时节宜吃一些温补的食物，比如羊肉、牛肉、鸡肉等等，也可以多吃些益肾的食物，比如腰果、山药、栗子、白果等等。

小雪天常常是阴冷晦暗的，容易让人闷闷不乐，这时候不妨出门看看雪，听听音乐，不见雪景的话也可以吟诵几首古人赏雪的诗歌，过一个诗情画意的冬天，让心情愉悦起来。白居易的这首诗就在寒天雪地里洋溢着热烈欢快、温馨炽热的气氛："绿蚁新醅酒,红泥小火炉。晚来天欲雪,能饮一杯无？"[1] 小雪时节邀二三好友相聚畅饮,秉烛夜话,谈天说地,也是人生一大乐事。

[1] 出自唐·白居易《问刘十九》。

大雪

忽如一夜春风来，
千树万树梨花开

俗话说："小雪封山，大雪封河。"小雪节气过后，便迎来了大雪节气。大雪是二十四节气中的第二十一个节气，也是入冬之后的第三个节气，标志着仲冬时节的正式到来。这个节气虽名为"大雪"，却未必一定下很大的雪，在南方甚至还见不到雪的踪迹。

"北国风光，千里冰封，万里雪飘。望长城内外，惟余莽莽；大河上下，顿失滔滔。山舞银蛇，原驰蜡象，欲与天公试比高。"这是毛泽东有名的《沁园春·雪》里边的词句，写的正是北国壮阔的雪景：北方的风光，千里万里都是冰天雪地，雪花纷飞。望长城内外，只剩下无边无际白茫茫的一片。宽广的黄河上下，顿时失去了滔滔水势。山岭好像银白色的蟒蛇在飞舞，高原上的丘陵好像许多白象在奔跑，它们都想与老天爷比比高。于北方而言，大雪节气一到，就意味着寒冬的到来，雪花飘飞的季节又到了。《礼记·月令》关于大雪节气有这样的解释："十一月节，大者盛也，至此而雪盛也。"大雪，顾名思义，就是雪量大，这就是古人说的"大者，盛也"，到了这个节气，雪往往下得大了，范围也广了。

雪是怎么来的呢？我们知道当空气中的水汽冷却到0℃以下的时候，就会有部分凝结成冰晶，从空中降落下来，这就是雪。雪似乎自古以来都是受欢迎的，为什么这么说呢？

甲骨文·雪　　金文·雪　　小篆·雪

"雪"的甲骨文，上边是雨，一象天，冂（jiōng）象云，水零落、徐徐从云下落而来的就是雨了。下边的部分，有人说像柳絮、像羽毛、像鹅毛大雪，《世说新语》里就说"白雪纷纷何所似，未若柳絮因风起"，但其实它是"彗"字。

从西周晚期的金文来看，就更加清楚了，上边是雨，下边是彗。《说文解字》解释说："凝雨，说物者。从雨彗声。"意思是说，雪是凝结的雨，那么什么是"说物者"？段玉裁注解说："说，今之悦字。物无不喜雪者。"也就是说，"说"是"悦"的通假字，雪是能给人们带来喜悦的。对小孩来讲，堆雪人、打雪仗，这是玩耍的乐趣；对农民来讲，"瑞雪兆丰年"，"冬天麦盖三层被，来年枕着馒头睡"，这是来年的希望；对于诗人来讲，雪花纷纷落下，大地一夜之间变了颜色，诗情也就涌动了。这就叫"悦物"，带来喜悦之物。诗人可以在诗歌中借雪花来抒情，可喜可悲，全凭当时的心情。

"昔我往矣，杨柳依依。今我来思，雨雪霏霏。"[1] 壮士当年离家出征时，还是杨柳春风，如今终于归来，却已是大雪纷飞的寒冬。短短十六个字，你就能从中体会到生命的流逝，多少的情思、哲思蕴藏其中。又比如"北风卷地白草折，胡天八月即飞雪。忽如一夜春风来，千树万树梨花开"。这是唐朝边塞诗人岑参在《白雪歌送武判官归京》中的诗句，写出了北国突降大雪时的情景，这一片白雪皑皑、银装素裹的景象，就像是一夜春风吹来，漫山遍野的梨花盛开了。这一比喻新颖贴

[1] 出自《诗经·小雅·采薇》

切，非常形象地绘出了北国的雪景，不仅给人以强烈的视觉冲击，也仿佛给寒冷的冬天蒙上了一层暖暖的春意。

囊萤映雪也是很有名的典故。晋代的孙康聪明好学，却家境贫寒，买不起灯油。一天半夜，孙康从睡梦中醒来，发现窗缝里透进一丝亮光，原来那是大雪映出来的光。他发现可以利用它来看书，于是倦意顿失，立即穿好衣服，取出书籍，来到屋外。宽阔的大地上映出的雪光，比屋里要亮多了。孙康不顾寒冷，立即看起书来，手脚冻僵了，就起身跑一跑，同时搓搓手指。此后，每逢有雪的晚上，他就不放过这个好机会，孜孜不倦地读书。这种苦学的精神，促使他的学识突飞猛进，成为饱学之士，后来还当上了御史大夫。

除了感性的体会之外，古人对大雪节气也有着理性的认识，他们将大雪分为三候："一候鹖鴠不鸣，二候虎始交，三候荔挺出。"鹖鴠（hé dàn）是一种什么样的鸟呢？春秋时期师旷所著的一部鸟类志《禽经》里边有这种鸟的记载，说："鹖，毅鸟也。似雉[1]而大，有毛角，斗死方休，古人取为勇士，冠名可知矣。"宋代陆佃的《埤雅》亦云："黄黑色，故名为鹖。据此，本

[1] 雉俗称野鸡，毛色五彩斑斓，尤其雄性色彩艳丽，尾巴细长。

阳鸟,感六阴之极不鸣矣。"意思是说,鹖鴠是一种阳鸟,在大雪节气到来时,感到阴气渐长,严寒将至,便停止了鸣叫。它为人们带来了报寒的信号,所以它又叫寒号鸟。"二候虎始交",是说物极必反,盛极而衰,大雪节气是阴气最盛的时候,也是阳气有所萌动的时候。老虎是一种猛兽,古人认为可以避邪魅,在大雪之际,它们灵敏地感受到微微的阳气,开始进行求偶交配。"三候荔挺出",这里的"荔"当然不是指荔枝,荔挺是兰草的一种,《说文解字》记载说:"荔似蒲而小,根可为刷。"同样感到阳气的萌动而抽出新芽。

在大雪节气到来时,不同地方有不同的习俗,其中之一就是大雪腌肉。俗话说"小雪腌菜,大雪腌肉","未曾过年,先肥屋檐",说的就是大雪节气一到,家家户户都忙着腌制肉食,在门口、窗台上都挂满了腌肉、香肠等各种腊味。

那大雪腌肉的习俗究竟从何而来呢?这和鞭炮的来历很相似,都与民间神话传说中的年兽有关。"年"在古代被视为长着尖角(犄角)的凶猛怪兽,长年深居海底,但每到除夕,就会上岸来伤人。人们为了躲避它的祸害,每到年底就足不出户,于是想出了将肉食腌制存放的方法。

大雪另外还有一个习俗就是观河捕鱼。大雪时节，北国风光是"千里冰封，万里雪飘"，由于气温越来越低，很多河流逐渐出现了封冻现象，人们可以在岸上欣赏封河的壮阔风光。而在南方，虽说大雪已至，却难以见到雪的踪影。大雪时节还是捕获乌鱼的好时机。从小雪时节开始，乌鱼群就慢慢地进入台湾海峡，到了大雪时节，因为天气越来越冷，乌鱼群沿水温线向南洄游，汇集的乌鱼也就越来越多，整个台湾西部沿海都可以捕获乌鱼，产量非常喜人。

大雪也是"进补"的好时节，素来有"冬天进补，开春打虎"的说法。冬令进补能提高人体的免疫功能，有助于体内阳气的生发，促进新陈代谢，缓解畏寒等老毛病。俗话说"三九补一冬，来年无病痛"，这个时节适宜温补助阳、养阴益精。可以常喝姜枣汤抗寒御寒，适量吃些橘子消痰止咳等。

冬

立冬

水始冰,
地始冻,
雉入大水为蜃。

虹藏不见,
天气上升地气下降,
闭塞而成冬。

鹖鴠不鸣,
虎始交,
荔挺出。

蚯蚓结,
麋角解,
水泉动。

雁北乡，
鹊始巢，
雉始雊。

鸡乳,
征鸟厉疾,
水泽腹坚。

邯郸驿里逢冬至,抱膝灯前影伴身。
想得家中夜深坐,还应说着远行人。
唐·白居易《邯郸冬至夜思家》

冬至

邯郸驿里逢冬至，
抱膝灯前影伴身

俗话说"冬至大过年"，冬至真是一个特别重要的传统节日。人们常说"吃了冬至饭，一天长一线"。冬至一般是在农历十一月中旬，也就是阳历的 12 月 22 日或者 23 日前后。这一天太阳正好照在南回归线上，是北半球白天最短、夜晚最长的一天。

甲骨文·冬

我们看这个"冬"字，甲骨文字形很简单，就是一条绳子两端打了个结。所以"冬"原来就是终了的意思。郭沫若先生在《金文从考》里面说过，金文中的这个"冬"字，其实都是通假用为"终"的。说明古

1 《金文从考》，郭沫若于1932年撰，是一部铜器铭文研究著作。

文字的这个"冬",表示终结之意,在过去是非常常见的。马王堆汉墓帛书《老子》里有句话:"飘风不冬朝,暴雨不冬日。"就是说狂风不会连续刮一个早晨,暴雨也不会持续下一整天。这个终结、终了也就是"冬"的本义。

小篆·冬

小篆阶段,"冬"字的构架发生了变化。我们看《说文解字》的解释:"四时尽也,从夊从仌。""夊"这个字头其实就是四季中最后一个结绳、祭祀到了终了的季节。那它底下为什么还有个"仌"呢?它其实就是碎冰。《说文解字》说"仌"是什么呢?"冻也,象水凝之形。"表示水凝成冰的形状。《诗经·小雅·四月》里面说:"冬日烈烈,飘风发发。"烈烈的"烈"是通假凛冽的"冽",形容特别寒冷;发发,你听冬天那个风嗖嗖急速吹过去,这就是冬天的意思了。《诗经·邶风·谷风》里面还说过:"我有旨蓄,亦以御冬。"就是我储备了特别丰富的、鲜美的食物,准备用来抵御寒冬。

那么冬至的"至"又是什么意思呢？"至"的甲骨字写成这个形态：

甲骨文·至

大家看，像不像远方射过来的箭？箭头戳在地上，就是到了的意思。"至"本义就是到达、到来。冬至就是冬天的高峰，冬天的极致，到达了冬天的顶点。还记得背《二十四节气歌》的时候，最后一句是什么吗？"冬雪雪冬小大寒。"第一个"冬"指的便是立冬，立冬过后，冬季便开始了。过了小雪、大雪，然后是冬至。虽然说冬至在冬天这一季里面，是至极寒冷、白昼也最短的一天，但在古代，冬至反而是计算二十四节气的起点。它也是非常重要的节日，所以才会有"冬至大如年"的说法。

冬至一般被称为亚节，就是仅次于春节的重要节日，也叫消寒节、一阳节。也就是说，万众期待的阳气要在此后慢慢升腾起来。从周朝起，就有"天子率三公九卿迎岁"的记载,其实立春、立夏、立秋、立冬,天子也是要率众臣去迎接的。大家看,古代人在生产力不发达的情况下,仍是特别有敬畏之心的,不敢辜负天时,更不敢耽误了农耕节令。所以每逢大节的时候,是要去迎接的。在周朝时候,冬至和春节是没有区别的,一直到汉武帝的时候采用了夏历,才把冬至和春节分开。所以人们就认为"亚节"冬至的重要性仅次于春节。汉代每逢冬至,官府都有盛大的贺冬仪式,仪式持续三天,百官朝贺,君王也不再听政了,民间歇市三日。热热闹闹,洋溢着浓郁的节庆气氛。

这样的习俗一直延续下来,直到明清,还有"肥冬瘦年"的说法。这说法特别形象,就是冬至这一天大家要过得特别欢畅,以至于反衬得那个"年",好像都不那么热闹了。唐代诗人白居易写过一首著名的诗《邯郸冬至夜思家》,里面就说道:"邯郸驿里逢冬至,抱膝灯前影伴身。想得家中夜深坐,还应说着远行人。"

我们了解了冬至这个节日有多重要,就很容易理解诗人写诗的心情了。本来冬至是个亲人团聚的大日子,但是诗人却独自夜宿邯郸客栈,一个人缩在那里抱着膝盖孤灯照影。你看他写得多形象,"抱膝灯前影伴身"，那种寒冷凄清跃然纸上。诗人遥遥想着，家里的人今天是会欢聚到半夜吧？也许还会聊起我这个远行人吧？这就是冬至思家的心情。

《月令七十二候集解》里面说："十一月中，终藏之气，至此而极。"什么是至此而极？就是"阴气之至，阳气始生，日南至，日短之至，日影长之至，故曰冬至"。中国哲学最基本的道理是阴阳平衡，那么冬至这一天阴气已经到达极盛的顶点了，接下来要走向衰萎；而衰萎的阳气要从这一天上升，这就是阴阳在一岁之中平衡的一个交界点。冬至之后，白天一天比一天长了，阳气越来越上升了，这是个吉日。

冬至也被称为消寒节，因为这个时候冷，北方的孩子从小都会念"九九消寒歌"："一九二九不出手，三九四九冰上走，五九六九沿河看柳，七九河冻开，八九燕归来，九九加一九，耕牛遍地走。"

从"一九"到"九九"的计算是从冬至开始的，从冬至这一天起进入"数九"，冬至这天又称为"交九"。此后，以九天为一个单位，过完九个九，刚好八十一天，即是"出九"，那时候就春暖花开了。大家知道在中国的数字里面，"九"是一个至高的阳数，中国人对很多重大事件都用"九"来衡量,所以才有"冷在三九,热在三伏"的说法。

我国古代将冬至分为三候:"一候蚯蚓结,二候麋角解,三候水泉动。"传说蚯蚓这个东西是阴屈阳伸的生物,一候期间,阳气虽然有那么一丝丝生长,但阴气依然十分强盛,所以蚯蚓盘结蜷缩着身子。麋跟鹿是同科的,可是阴阳不同,古人认为鹿角向前伸,麋角向后伸,鹿为阳,麋为阴。而从冬至起,阳气逐渐旺盛,阴气要消歇,麋的那个角就开始松动,要脱落了。"三候"天气逐渐回暖了,山中的泉水也要开始解冻,流动起来了。

那老百姓过冬至的习俗是什么?其实到今天,大伙儿还保留着"冬至不端饺子碗,冻掉耳朵没人管"的说法。这是北方冬至流传下来的一个习俗。你说饺子跟耳朵有什么关系呢?因为大伙儿总说饺子的形态像耳朵。"冬至饺子夏至面",这是北方的讲究。据说这还是为了纪念东汉的医圣张仲景[1]。传说张仲景医术高超,手到病除。他辞去长沙太守职务之后,回到家乡南阳,看到老百姓食不果腹、寒无暖衣,过着苦日子,所以就在冬至这一天,在南阳城东关外面搭了个大棚,支起大

---

[1] 张仲景,东汉末年著名医学家,被后人尊称为医圣。他撰写的《伤寒杂病论》是集秦汉以来医药理论之大成,并广泛应用于医疗实践的专书,是我国医学史上影响最大的古典医著之一。

锅，把辣椒、驱寒的草药都放在锅里面煮。煮到烂熟以后，用面皮包上羊肉，熬成"驱寒娇耳汤"，施舍给老百姓，来治大家的冻疮。后来人们觉得小面皮包羊肉这么煮着也挺好吃，这个东西"娇耳"，就演化成了饺子。冬至时候家家户户吃饺子驱寒、进补，这个习俗就这么一代一代传下来了。

过去老百姓常说，"饺子就酒，越喝越有"。吃饺子图个吉利，聚个团圆。天寒地冻，自个儿家里热气腾腾，亲自动手包顿饺子，一家人聚个人气，总比煮那点速冻饺子更有仪式感吧？从冬至这一天往后，天会越来越长了。为了又一个温暖明亮的春天的到来，我们是不是应该回家包饺子了呢？

扫一扫
听于丹老师讲节气节日

小寒

白日隐寒树，
野色笼寒雾

[1]
宋·释祖钦《偈颂
一百二十三首》：
天寒人寒，大寒小寒
热则普天匝地热，
寒则普天匝地寒
热不自热，寒不自寒
红日上三竿，当阳仔
细看

[2]
丨，象形字，读作 gǔn，
意为上下贯通

《二十四节气歌》云："春雨惊春清谷天，夏满芒夏暑相连。秋处露秋寒霜降，冬雪雪冬小大寒。"其中"小大寒"指的便是小寒和大寒。"天寒人寒，大寒小寒。热则普天匝地热，寒则普天匝地寒。"[1]接下来我们就来了解一下小寒这个节气。

先来看看"小"字。《说文解字》解释："小，物之微也。从八，丨[2] 见而分之。"就是说"小"表示物体微小，从八（表示分别）。

甲骨文·小

其实"小"的甲骨文字形很像尘沙等小物的形状，本义是指细碎的尘沙微粒。关于"小"的字形，商承祚《殷墟文字类编》中也说："卜辞作三点，示微小之意，与古今文同。""小"可引申为微小、低微、轻视、小看等义。"小"与"大"相对。"寒"字我们已经在"寒露"节气中有所了解，这里简单说一下。

"寒"的本义表示寒冷。我们今天经常"寒""冷"连用，它们之间有区别吗？"冷"和"寒"的区别在于，"冷"多表示人对温度的感觉，"寒"则多表示客观的温度。所以"寒"和多表示客观温度的"燠"、"温"等对举使用，"冷"则多和表示感觉的"热"、"暖"对举使用，如常说的"如人饮水，冷暖自知"。

大雪纷飞，河水封冻，寒风凛冽，小寒如期而至。《月令七十二候集解》："十二月节，月初寒尚小，故云。"《历书》中也说："斗指戊，为小寒。时天气渐寒，尚未大冷，故为'小寒'。"但是小寒的冷意常常会胜过大寒，数九歌里的"三九四九冰上走"也恰好是小寒节气。小寒是二十四节气中的第二十三个节气，在公历的1月5日前后，从公历来看，却是每年的第一个节气。此时太阳位于黄经285度。小寒节气过后，我国的部分地区便进入了一年中最寒冷的时期。隆冬时节，数九严寒，俗语中也有"小寒大寒，冻成一团"的说法。

从字面上理解，人们会以为大寒冷于小寒，但在气象记录中，小寒却比大寒冷，可以说是全年二十四节气中最冷的节气，因此又有"小寒胜大寒"之说。为什么小寒时的气温要比大寒低呢？小寒的上一个节气冬至，地面得到的太阳热量最少，但土壤深层还有一些热量可以向上散发，所以冬至并不是全年最冷的时候。到了小寒，土壤深层的热量散失到了最低点，尽管白天稍长，太阳的光与热也略有增加，但实际这是最入不敷出的时期，于是成为全年最冷的时节。《全宋词》中有无名氏的词句："小寒时节，正同云暮惨，劲风朝烈。"正是写小寒之冷。既然小寒更冷，为什么要在小寒之后又加一个大寒，而不是先大寒再小寒呢？中国传统文化讲究"物极必反"，大寒之后迅速回暖，于是人们就将大寒时节作为寒之极致，置于小寒之后。

　　小寒亦有三候。《月令七十二候集解》对于小寒的三候是这样表达的："一候雁北乡，二候鹊始巢，三候雉始雊（gòu）。"一候阳气已动，大雁开始向北迁移，但还不是迁移到我国的最北方，只是离开了南方最热的地方。喜鹊此时感觉到阳气而开始筑巢。"雉"即野鸡，"雊"是野鸡叫的意思。《诗经·小雅·小弁》

中有："雉之朝雊，尚求其雌。"因此"雉始雊"就是野鸡感到了阳气的滋长而鸣叫。寒为阴，小寒阴盛，阴盛则阳起。古人认为，冬至之后，阳气便开始萌动。至小寒时节，阳气较冬至时的"一阳生"高出了些许，到了"二阳"的程度。"白日隐寒树，野色笼寒雾"[1]，这寒气其实就是阳气上升，逼迫阴气所为。

唐代元稹《咏廿四气诗·小寒十二月节》就描写了小寒时节的景象："小寒连大吕，欢鹊垒新巢。拾食寻河曲，衔紫绕树梢。霜鹰近北首，雊雉隐聚茅。莫怪严凝切，春冬正月交。"我们平时所说的"黄钟大吕"，是中国古代十二律中的头两个音律，"黄钟"对应十一月，"大吕"对应十二月，所以诗中说"小寒连大吕"。后几句正是我们所说的小寒三候。

"小寒料峭，一番春意换年芳"[2]，在这个天寒地冻、万物萧索的极寒时刻，应期而来的风带来开花的音信，正是所谓"花信风"。小寒时节，次第开放的是梅花、山茶、水仙。近代诗画家吴藕汀有首《小寒》诗："众卉欣荣非及时，漳州冷艳客来贻。小寒惟有梅花饺，未见梢头春一枝。"把梅花的冷艳与小寒的特点表现得淋漓尽致。

---

[1] "白日隐寒树"出自南朝江淹诗《刘太尉琨伤乱》，"野色笼寒雾"出自唐王勃诗《秋日别王长史》。后人将它们组合在一起，用来形容小寒节气。

[2] 元·王寂《望月婆罗门元夕》：小寒料峭，一番春意换年芳。蛾儿雪柳风光开尽星桥铁锁，平地泻银潢。记当时行乐，年少刚狂。宜游异乡对节物，只堪伤。冷落谯楼水淡月，燕寝馀香。快呼伯雅，要洗我、穷愁九曲肠。休更问、勋业行藏。

小寒节气正值三九严寒，"画图数九"的民俗也与此相关。数九计数，书法描红，既能求得消寒，也是冬日里一种消遣怡情的养生方法。在故宫养心殿后殿，挂有一幅图，上书"管城春满"，下面九宫格内从右至左写有九个双钩空心字："亭前垂柳珍重待春風"，每个字都是九笔，这便是"九九消寒图"。"管城"是毛笔的别名，有笔成春满庭之意。每年冬至节前挂在室内，从头九第一天开始填起，逐日填廓，每天一笔，每填写完一字，便是一九，句成而九九八十一天也就过完了。除文字外，"九九消寒图"还有铜钱形、梅花形、葫芦形等。

在养生方面，民谚说："冬天动一动，少闹一场病；冬天懒一懒，多喝药一碗。"这说明了冬季锻炼的重要性。在这干冷的日子里，宜多进行户外的运动，如早晨的慢跑、跳绳、踢毽子等。精神上要畅达乐观，不为琐事劳神，心态平和。

大寒

> 乃知大寒岁,
> 农者尤苦辛

俗话说:"过了大寒,又是一年。"大寒是二十四节气的最后一个节气,在阳历的1月20日前后,此时太阳到达黄经300度。到了大寒,春节也就不远了。

甲骨文·大　　金文·大　　小篆·大

首先从文字角度来看一下"大寒"这两个字。"大"是象形字,其甲骨文、金文、小篆字形就像两臂伸开、两腿分立的正面人形,因此"大"的本义指大人。《说文解字》中云:"天大、地大、人亦大,故大象人形。"意思是天大、地大都无法取象为字形,因此就用人形来表示大。人是万物之灵,所以人们将天、地、人并称为三才,并用人形表示"大"。"大"还可引申指那些品德高尚、知识渊博、技艺精湛的人,如《孟子·尽心上》中有"大匠不为拙工改废绳墨",意思是高明的工匠不会因为技术拙劣的工人改变或废弃规矩。

"大"在古代同"太",《广雅·释诂》:"太,大也。"段玉裁《说文解字注》:"后世凡言大而以为形容未尽则作太。"意思是说,后世人们凡是用"大"字来形容事物而仍感到不够充分的就用"太",可见"太"比"大"程度更甚,比如"太学"就是指最高学府。

另外,我们要注意"大夫"中的"大"有两读的情况。在奴隶制社会中,国君之下设卿、大夫、士三级,秦汉以后有御史大夫、谏大夫、中大夫、光禄大夫等,这些"大"字都与官职有关,读作dà。宋代以后称医生为"大夫",这里的"大"就只能读dài。

"寒"字在讲解寒露、小寒时已有解说,我们也都知道,"寒"字的本义是指"寒冷"。

《群芳谱》上对"小寒"解释为:"冷气积久而为寒,小者未至极也",而对"大寒"则说:"大寒,寒威更甚","大者，乃凛冽之极也"。古人认为大寒冷于小寒，所以说大寒是"寒气之逆极"，但是在气象记录中，小寒却比大寒冷。也就是说，就大寒和小寒两个节气的寒冷程度而言，名为"大"者实为小，名为"小"者实则更大。

从冬至开始"数九"，"三九四九不出手"，大寒已进入了"四九"，六七天后即进入"五九"，整个"五九"都是在大寒节气中。九九歌里唱道："五九六九，河边望柳。"从河边望柳，隐隐已感受到大地回春的迹象，所以不会像冬至到小寒这段时期那样严寒。当然，这是对我国大部分地区，尤其是黄河流域以北而言。

"花木管时令，鸟鸣报农时"，花草树木、飞禽走兽均按照季节有规律地活动，也被看作是区分时令节气的重要标志。我国古代将大寒分为三候："一候鸡乳，二候征鸟厉疾，三候水泽腹坚。"

甲骨文·乳

"一候鸡乳","乳"的甲骨文字形像母亲抱着孩子喂奶,表示哺育之义,这里表示繁殖的意思,也就是说到大寒节气便可以孵小鸡了。"二候征鸟厉疾","征鸟"多指鹰隼之类的鸟,"厉疾"表示迅猛,此时鹰隼之类的禽鸟正处于捕食能力极强的状态中,盘旋于空中到处寻找食物,以补充身体的能量抵御严寒。"三候水泽腹坚",朱右曾在《逸周书集训校释》中解释说:"腹坚,言层冰坚固凸出如腹。"在一年的最后五天内,水域中的冰一直冻到水中央,而且最结实、最厚。

作为二十四节气的压轴节气,大寒的天气和农业有着紧密的联系。有农谚说"大寒不寒,春分不暖",意思是如果大寒这一天天气不太冷,那么寒冷的气候就会向后展延,来年的春分时节天气就会相对寒冷。还有"大寒见三白,农人衣食足",意思是在大寒时节里,如果能多下雪,把蝗虫的幼虫冻死,来年的农作物才会丰收,农人们就可以丰衣足食了。大寒到立春是新旧太岁交承之时,每到大寒时节,人们便开始忙着除旧布新,腌制佳肴,准备迎接新年。祭灶、除夕等节日也处于大寒之中。

"祭灶"就是祭祀灶神，通常在农历的腊月二十三，民间就有"二十三，祭灶官"的说法。旧时，百姓灶间都设有灶王爷神位，人们称为灶君司命或司命菩萨，传说他是玉皇大帝封的"九天东厨司命灶王府君"，负责管理各家的灶火。灶王神龛大都设在灶房的北面或东面，中间供上灶王的神像。农历腊月二十三夜是灶王爷上天的日子，这一天，家家户户用玉米或小米做"祭灶糖"，晚上敬献祭灶，意为堵住灶王爷的嘴，免得他上天后瞎汇报。这一天还会燃放鞭炮送灶神等。灶神是民间富有代表性和广泛群众基础的神，寄托了劳动人民辟邪消灾、迎祥纳福的美好愿望。

大寒这一节气在诗歌等文学作品中出现的频率也非常高，如唐代白居易有一首著名的《村居苦寒》："八年十二月，五日雪纷纷。竹柏皆冻死，况彼无衣民。回观村闾间，十室八九贫。北风利如剑，布絮不蔽身。唯烧蒿棘火，愁坐夜待晨。乃知大寒岁，农者尤苦辛。顾我当此日，草堂深掩门。褐（hè）裘覆絁（shī）被，坐卧有余温。幸免饥冻苦，又无垄亩勤。念彼深可愧，自问是何人。"其中"褐裘"是指粗布面的裘衣，"絁被"是指粗绸面的被子，这首诗的意思就是：元和八年的十二月，接连五天大雪纷纷，竹子柏树都被冻死了，何况那缺少寒衣的农民，遍观村里所有人家，十户有八九户小家贫寒。寒风吹来好似利剑，农民们衣衫单薄不能遮身，只有点燃蒿草取暖，终夜愁坐盼望清晨。我才知道大寒年岁，农人更加痛苦辛酸。我穿着皮袍盖着棉被，不论坐卧都有余温。庆幸免遭饥寒之苦，且又不必躬耕力勤。想起他们我很惭愧，叩问自己算是何人？自己无垅亩之勤，却过着优裕的生活。诗人用通俗易懂的语言，白描的手法，把农民的穷苦与自己的温饱作对比，表达了对下层人民贫苦生活的同情、愧疚和自责。

节日篇

元旦

四气新元旦，
万寿初今朝

元旦来了，大家互相都在问候"元旦快乐"、"新年快乐"。元旦就是每年阳历的1月1号，咱们现在过的这个新年，世界上很多国家也在过。但是大伙儿知道吗？在古代的时候，元旦不是指这一天。那我们今天就从汉字来了解一下元旦。这个举世欢庆的节日，在中国经过了什么演变呢？

这个"元"字，远在商代的时候就开始使用了。你看这个字形，像不像一个侧面的人形，突出了人头？所以"元"的意思就是一个圆圆的人头。《说文解字》解释是"元，始也"，表示开始的意思。这是从"元"的本义引申出来的。

甲骨文·元　金文·元

《孟子·滕文公下》里面说过:"志士不忘在沟壑,勇士不忘丧其元。"也就是说有志之士、勇猛之士为国家战斗而死,自己丧身沟壑、丢掉脑袋都是不怕的。所以你看"丧其元",这个"元"的本义就是头。但是现在我们能看见的文献典籍里面,"元"解作"头"这个意思不大常用。常用的是"元"的引申意思,表示为首的、开始的、第一的。《诗经·鲁颂·閟宫》里面就有这样的句子:"建尔元子,俾侯于鲁。大启尔宇,为周室辅。"也就是说周威王给周公颁发诏令,敕封周公的长子到鲁这个地方去开拓疆土,辅佐周王室。这里面的"元子"就是指长子。

说完了"元",再来看看"旦"。有的学者认为新石器晚期出土的龙山文化黑陶,表面刻画的纹理中,就出现了最早的"旦"字。

你看这个字,像不像一幅画?很复杂的一幅画,能分出三个层次来,一点都不像现在的简体字。据文字学家于省吾先生考证,这个字是早晨的太阳从山峰上升起来的形象。上面这个圆形的部分是太阳,中间这一块是云彩,云气托着初升的太阳。最下边是连绵起伏的山峰。山峰上有云气,云气上出太阳。到了甲骨文时期,就简化多了。上面还是日,下面表示大地,云气消失了,表示从地平线上,太阳冉冉升起。

甲骨文·旦

再看金文,其实跟甲骨文非常相似,"日"下面的这个部分填实了,结构上还是相同的。

金文·旦

再往后演绎,小篆的字形写成这样:

小篆·旦

《说文解字》说:"旦,明也。从日见一上。一,地也。"太阳从地上升起来。也就是说,许慎认为"旦"的本义就是明亮,从大地上升起明亮的光。其实这应当是"旦"的引申义。太阳从地平线上露出来,乍隐乍现的那个时分,叫作"旦"。我不知道大家是不是都有海上看日出的经验,你会看见一轮小小的红日从海上升起,越来越明亮、越来越鲜艳,最后那个红红的、圆圆的太阳似乎是往上一跳,"嘣"一下跃出了海平面。在太阳将跳未跳,还没离开海平面的那一瞬间,大概就是"旦"。而它那一跳,表示一天开始了。所以"旦"在时间上表示夜的结束,昼的开始。

《木兰辞》里面说:"旦辞爷娘去,暮宿黄河边。"早晨从家出发了。这个时候是一天正式的开始。在时间上,"旦"有时候也指明天、次日。比如《战国策·齐策》里面就说:"旦日,客从外来,与坐谈。"这个"旦日"是指转过天,第二天的清早。《史记·项羽本纪》里面说:"旦日飨士卒,为击破沛公军。"这也是指准备好第二天一早大家吃好饭以后出击。

我们讲了"元"和"旦"是这样的来历,它们合在一起是个大日子,是新年的第一个早晨。

"元旦"这个词最早出现于《晋书》:"颛帝以孟夏正月为元,其实正朔元旦之春。"到了南朝,萧子云[1]《介雅》中说:"四气新元旦,万寿初今朝。"宋代吴自牧在《梦粱录》[2]里面说道:"正月朔日,谓之元旦,俗呼为新年。一岁节序,此为之首。"农历每月初一不就是朔吗?满月之时为望,初一为朔。那么第一个月的初一就是元旦,是开启新一年的大日子。那大家发现了吗?过去的元旦是农历的正月初一,那不就是现在的春节吗?也就是说中国最隆重的大年初一,在过去叫元旦。当然它在不同的朝代称呼不一样,先秦的时候叫上日、元日、改岁,这个挺有意思,都是说岁月更迭的意

---

[1] 萧子云,南朝梁南兰陵人,字景乔,通文史,善草隶,著有《晋书》、《东宫新记》。

[2] 《梦粱录》,南宋吴自牧著,成书于南宋末年,叙述整个南宋时期的临安(今浙江杭州)情况,其中记录了不少关于民俗和民艺的材料。

思。两汉的时候叫岁旦、正旦、正日。到了魏晋的时候呢，叫元辰、元日、元首。到了唐、宋、元、明的时候，逐渐稳定下来就叫元旦，也叫列日、新正。清代的时候也叫元旦，还叫元日。难怪有那么多的诗词都是感怀元日，原来那个元日和元旦指的就是春节。

宋代王安石写《元日》："爆竹声中一岁除，春风送暖入屠苏。千门万户曈曈日，总把新桃换旧符。"什么叫"新桃换旧符"？就是我们的门上要换新的春联了。这里说的"屠苏"，是指喝屠苏酒，这是古代过年的重要习俗。用屠苏泡过的酒是用来驱邪、避瘟，求人长寿的，大年初一，全家合饮。所有这些习俗都是在元旦，其实就是现在的正月初一来庆贺。这也是一个祭祀的大年头，要祭先祖、写福字、舞龙灯。这个时候还要放鞭炮、守岁、吃团圆饭。反正现在你在春节看到的习俗，那个时候只有比现在更多，不会更少的。

正月初一，过去叫元旦，什么时候元旦改成现在的阳历年了呢？是从辛亥革命，孙中山先生为了顺应农时，便于统计，就把正月初一定为春节，也就是过阴历年。同时把阳历的1月1号定为元旦，一直沿用至今。元旦这个吉庆的节日，不只是中国庆祝，世界上很多国家，比如埃及、朝鲜、意大利、泰国、日本等都过元旦节。埃及人把尼罗河涨水这一天作为新年的开始，所以他们有一个很诗意，也吻合天时的名字，叫作"涨水新年"。在埃及的很多地方，元旦这一天祭祀要供上大豆、扁豆、紫苜蓿和小麦这些农作物的颗粒，还得有一些绿色植物的小嫩芽，以祈祷丰收。献的东西越多，人们就觉得这一年收获的希望越大。

现在新年和春节是中国人过的两个很重要的大节日。新年是纪元的更迭，我们看一个日历撕到底了，很多上学的孩子们，对新年感受更深。当然中国的老人家们还是认为最重要的日子是春节。那是农耕民族祭天法祖，在寒冬中休养生息的大日子里，盘点这一年的收获。有趣的是过去的历史中，过大年叫元旦，而在今天，一个纪年的更迭叫元旦。无论是过去的用法，还是现在的用法，你说"元旦"这两个字是不是都很重要？

扫一扫
听于丹老师讲节气节日

腊八

*小孩小孩你别馋，
过了腊八就是年*

俗话说，"腊七腊八，冻掉下巴"。寒冬腊月，确实想喝碗热腾腾的粥，让人暖和起来。腊八，顾名思义，腊月初八，这个节日是怎么来的？今天我们从"腊"字说起。

《说文解字》上解释说："臘，冬至后三戌，臘祭百神。从肉巤（liè）声。"意思是说冬至之后的第三个戌日，就是腊祭之日。这一天要举行祭祀百神的活动，把猎来的猎物拿去祭祀。"腊"字之所以是肉月旁，就是用猎物的肉来进行冬祭。大家也许会疑惑，许慎介绍的那个"臘"字多难写，跟我们今天写的肉月旁加一个往昔的"昔"字——腊，这两个字之间有什么关系？

简单来说，今天我们用"腊"作为"臘"的简体字。在古代，这确实是两个不同的字，读音、意义都不相同，只在腊肉、干肉这个意思上是相通的，所以就采用了"腊"字作为"臘"的简体字。

小篆·臘

其实过去的"臘"字，是指古人在一岁终了的时候举行的祭祀百神活动。祭祀是它的本义。关于古代腊祭，我们比较熟悉的是《左传·僖公五年》里面写的"宫之奇谏假道"这个故事。公元前655年前后，当时很强大的晋国向小国虞国提出假道的要求，就是借你们一条道，我从你们国家穿过去，攻打跟你挨着的虢国。其实经过虢国，顺手也能把它给灭了，也就是想着趁其不备一石二鸟、一箭双雕，把虢国连带着虞国都拿下。那虞国的大夫宫之奇看清了晋国的野心，力谏虞公，他说虞国和虢国的关系是"辅车相依，唇亡齿寒"，就像嘴唇和牙齿，嘴唇要是没有的话，牙齿自然就在冷风中冻着了。宫之奇已经看出，虢国如果被灭，虞国也将不复存在。但是，虞国的国君听不进劝谏，一

1 《宫之奇谏假道》：晋侯复假道于虞以伐虢。宫之奇谏曰："虢，虞之表也。虢亡，虞必从之。晋不可启，寇不可玩。一之谓甚，其可再乎？谚所谓'辅车相依，唇亡齿寒'者，其虞、虢之谓也。"

意孤行，贪图小利，答应了晋国使者的要求，同意晋国借路去打虢国。

宫之奇于是带着自己的族人离开了，临走之前他很伤感地说："虞不腊矣。在此行也，晋不更举矣。"什么意思呢？虞国恐怕等不到今年年终祭祀的时候了，它的灭亡近在眼前，连今年的大礼都举行不了了。晋国这一次行动就能把我们虞国彻底剿灭，不会再次出兵了，只是顺道、顺手的事情。你看古人的感慨多简洁，就是说虞国就要灭亡了，今年祭祀祖先神灵的祭典再也不必举行了。

再来看看"腊"。这个"腊"字原来不读 là，而是读 xī。你看它右边的音旁，是往昔的"昔"，甚至"腊"原来的写法也是"昔"。

甲骨文·昔　　金文·昔

我们看，"昔"的各种字形里都有的部分是什么？是太阳和波纹。关于两者之间的关系，有两种不同的解释。一种是说，这个小波纹，就是远古时候洪水泛滥的情形。所以"昔"的本义应该是指洪水暴发的时期，它既可以指洪荒的远古，又可以指刚刚过去的昨天，那就是往昔了，我们今天不也用这个意思吗？《庄子·齐物论》里说，"昔者十日并出，万物皆照"，当年后羿没射日，天上有十个太阳的时候，那可太早了，所以"昔"指远古神话传说时代，这是一种解释。我们今天说的"今非昔比"，还有《诗经·小雅·采薇》里的"昔我往矣，杨柳依依。今我来思，雨雪霏霏"，这里的"昔"指的都是一般意义上的往日、过去。

另外一种说法，有人说这个小波纹不就是肉片吗？和"日"合在一起，就是太阳曝晒肉片的意思，这个"昔"本义就是晒干的肉。《说文解字》解释说："昔，干肉也。从残肉，日以晞之。"也就是一片一片零星、残余的肉，太阳晒着它，把它给晒干，保存起来。那个时候没有冰箱、没有防腐剂，打一次野兽不容易，所有的肉都得留着，就得放到太阳底下曝晒。从这个解释来看，当"过去"、"往日"等意义讲的"昔"就应当只是同音假借。而且春秋早期的"昔"字，在金文里就有这种写法：

全文·昔

你看，在原字的基础上加了肉月旁，所以"昔"字后来有了另外一个读音，就是"腊"了。我们现在管冬天腌制、风干、熏干的肉也叫腊肉。

从古至今，腊八节这一天，民间各式各样的饮食，那可真是丰富。咱们一开始说的腊八粥，最早其实就是红小豆粥。后来结合不同地方的特色，材料越来越丰富。《燕京岁时记》里清代北京怎么熬腊八粥？"腊八粥者，用黄米、白米、江米、小米、菱角米、栗子、红豇豆、去皮枣泥等，合水煮熟，外用染红的桃仁、杏仁、瓜子、花生、榛穰、松子及白糖、红糖、琐琐葡萄，以作点染。"这样看来，基本原料就已经九种了，点缀的原料又有九种，这加在一块都十八种了。腊八粥为什么这么流行？因为里面有很多讲究，首先是要敬神祭祖，然后要馈赠亲友，而且给人送腊八粥，一定要在中午之前送出去。之后才是全家人吃，吃剩下的腊八粥要存着吃好几天，还能剩下才是好兆头。

你没听小孩子们老是唱那首小歌谣，"小孩小孩你别馋，过了腊八就是年"。小孩盼过年，就是因为这个时候好吃的特别多，打从腊八就一直在吃。这时节天寒地冻，还有很多穷苦的人吃不上饭呢，所以腊八还有舍粥的传统，熬一大锅热气腾腾的粥，一勺一勺给乞丐、吃不上饭的那些人，这是积德行善的善行。所以腊八粥不光是时令的美食，也包含着过去中国人的道德感。

到今天，遗憾的是很多人家都只在超市里买腊八粥，用配好的豆子，甚至就买一罐一罐的八宝粥，家里都懒得熬了。应该说，这么好的习俗，家里还是恢复一些仪式感吧。现在各种煲粥的电锅，各式各样能用的东西，比过去要方便多了。其实熬熬腊八粥，过过这个节，过去过年的那点人情味还能回来。不知道今年，大家熬不熬腊八粥呢？

扫一扫
听于丹老师讲节气节日

除夕

半盏屠苏犹未举,
灯前小草写桃符

除夕是每年农历腊月的最后一个晚上,又称大年夜、除夕夜、岁除、除夜等,"残腊迎除夕,新春接上元"[1],除夕是辞旧迎新、一元复始、万象更新的节日。今天我们就来详细了解一下这个喜庆又隆重的节日。

小篆·除

为什么称这个节日为"除夕"呢?许慎《说文解字》解释为:"除,殿陛也。""殿"就是宫殿的意思,什么是"陛"呢?《说文解字》解释为:"升高阶也",本义指台阶。张舜徽《说文解字约注》解释为:

---

[1] 宋·邓深《怀清旷兄弟》:残腊迎除夕,新春接上元。常进陪内集,排日醉芳樽。岁月惊殊谷,关山隔故园。谈边应记我,频噀怪黄昏。

"本为阶之通名,后乃用为殿陛之专称。"由此可知,"除"本义为宫殿台阶。《史记·魏公子列传》中,"赵王扫除自迎,执主人之礼,引公子就西阶。公子侧行辞让,从东阶上,自言罪过,以负于魏,无功于赵。"这是魏公子窃符救赵故事中的片段,赵王亲自打扫宫殿台阶,以主人身份把魏公子接到了王宫,赵王请魏公子从西边的台阶上去,魏公子谦让随赵王之后从东阶进入,声称有罪过,窃符救赵这件事对魏来说是一种背叛,对赵也没有什么功劳。《礼记·曲礼上》有记载:"主人就东阶,客就西阶。客若降等,则就主人之阶。"在古时,主客各就东西两阶,是并肩平等而上的,如果客人就东阶随主人之后而上就是"降等",魏公子自觉内心有愧,便从东阶随赵王之后而上。其中"扫除"即是打扫台阶,可引申为清除、清理、更替等义。段玉裁《说文解字注》中说:"殿谓宫殿,殿陛谓之除,因之凡去旧更新皆曰除,取拾级更易之义也。""除夕"之"除"的意思也来于此。

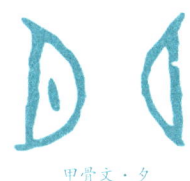

甲骨文·夕

"夕"字我们已经很熟悉了,"夕"的甲骨文字形像月出之形。"夕"与"月"本来是同一个字形,后来才分化成两个字。《说文解字》:"夕,莫也。""莫"即"暮","夕"的本义就是傍晚的意思。所以旧岁至此夕而除,第二日即新岁,因此就名为"除夕"。

民间还流传着有关除夕的传说。相传"夕"是古时一只四角四足的恶兽,冬季天寒地冻,食物短缺,"夕"就到村子里面寻找食物,由于"夕"体型庞大,脾气暴躁,凶猛异常,给村民们带来了很大的灾难。每到腊月底,人们便扶老携幼到附近的竹林里躲避"夕"。老人们想到恶兽可能会怕红布,于是四处挂满了红布条。冬季天寒,大家便在竹林里烧火取暖,村民们把刚砍下的竹节扔进火中,潮湿的竹节遇到燃烧的烈火纷纷爆裂,发出噼里啪啦的响声,"夕"听到响声掉头鼠窜。于是人们便在每年的腊月三十燃烧竹节,悬挂红布条,以防"夕"的到来。这就是"除夕"缘起的传说。

让我们来看看不同时期除夕风俗传统的演变与流传。据《吕氏春秋·季冬纪》记载,古人在新年的前一天用击鼓的方法来驱逐"疫疠(lì)之鬼",这就是除夕节令的由来。东汉时,始见"除夕"二字,应劭《风俗通义·祀典》中记载："常以腊除夕饰桃人，垂苇茭、画虎于门，皆追效于前事，冀以御凶也。"

晋时有了分岁、守岁之俗，为送旧、延年之意。南北朝时，守岁这一习俗就已普遍形成，如"岁暮，家家具肴蔌诣宿岁之位，以迎新年"[1]，"肴蔌"即鱼肉菜蔬，也就是备鱼肉菜蔬，团聚守岁以迎新年。唐代又增加了庭燎、铜刀刻门等。到了宋代，度岁成为年终大事。吴自牧《梦粱录》："十二月尽，俗云：月穷岁尽之日，谓之除夜。士庶家不论大小家，俱洒扫门闾，去尘秽，净庭户，换门神，挂钟馗，钉桃符，贴春牌，祭祀祖宗。遇夜，则备迎神香花供佛，以祈新岁之安。"即在除夕之日，家家户户打扫房屋，更换门神，贴春联，祭祀祖先等。

春联又称门对、门帖，俗称对子。最初的形式是桃木，汉代的时候演变为桃人，魏晋时发展为桃符，也就是长七八寸、宽一寸余的桃木板，上面书写神荼、郁垒二名，意为镇鬼。五代时就已经在桃符上题写词句了，传说后蜀国君孟昶自题："新年纳余庆，嘉节号长春。"据说这是我国最早的春联。到了宋代，春联开始用纸书写。"春联"之正式命名始于明太祖朱元璋。明

[1] 出自《荆楚岁时记》，南北朝梁宗懔撰，记述荆楚岁时节令风物故事，自元旦至除夕，凡二十余条，保存了一些古代的神话和传说

清守岁之风更盛，除了贴对联、年夜饭、庭燎等，还增加了许多新名目，如在北方，就有送玉皇、迎灶神、门檐窗台插芝麻秸等习俗。到了近现代，为了增添乐趣，守岁时又增加了下棋、拼七巧板、解九连环、打相思结、猜字谜、掷骰子等娱乐活动。

文献中有很多关于守岁的诗歌作品。除夕处于岁月轮回的枢纽点，标志着旧年的结束和新岁的开始，极易触动人们的情思，与此同时，除夕诗的创作也丰富了节日的文化意蕴。南北朝时期已有守岁诗流传下来，如梁代徐君倩的《共内人夜坐守岁》："欢多情未极，赏至莫停杯。酒中喜桃子，粽里觅杨梅。帘开风入帐，烛尽炭成灰。勿疑鬓钗重，为待晓光催。"诗中描绘了诗人和妻子美酒细斟，欢乐待晓的守岁情景。

陆游有首著名的《除夜雪》："北风吹雪四更初，嘉瑞天教及岁除。半盏屠苏犹未举，灯前小草写桃符。"小诗写出了诗人喜迎新春的欢欣与激动：四更天初至时，北风带来一场大雪；这上天赐给我们的瑞雪正好在除夕之夜到来，昭示着来年的丰收。盛了半盏屠苏酒的杯子还没有来得及举起庆贺，我依旧在灯下用草字赶写着迎春的桃符。

戴复古也有一首《除夜》，描写除夕夜时的习俗活动，表达内心的喜悦："扫除茅舍涤尘嚣，一炷清香拜九霄。万物迎春送残腊，一年结局在今宵。生盆火烈轰鸣竹，守岁筵开听颂椒。野客预知农事好，三冬瑞雪未全消。"除夕夜是家人欢聚的时刻，而漂泊在外的游子此时的心境则又是另一番滋味。

唐白居易有《客中守岁》一诗："守岁尊无酒，思乡泪满巾。始知为客苦，不及在家贫。畏老偏惊节，防愁预恶春。故园今夜里，应念未归人。"此时恰逢除夕佳节，诗人独自身处千里之外，孤独寂寞的愁绪，对故乡亲人的思念，时光荏苒催人老的恐慌，使客居他乡的诗人不禁泪水涟涟。

唐高适也有一首《除夜作》："旅馆寒灯独不眠，客心何事转凄然。故乡今夜思千里，愁鬓明朝又一年。"除夕之夜，寒灯只影，诗人眼看着外面家家户户灯火通明，欢聚一堂，而他却远离家人，身居客舍，"故乡今夜思千里"，既是自己思念家乡亲人，又是亲人在思念着自己。这首诗既写出了作者独身一人的孤苦，又表达了对千里之外故乡亲人的思念，以及对时光流逝的感叹。

春节

爆竹声中一岁除，
春风送暖入屠苏

拜年了，拜年了。一年一度最大的节日终于到了。我喜欢春节，因为春节特别有中国人的人气，也特别能够感觉到历史。传统的大年，当然也称新岁，就是指春节。春节是中国最大的传统节日，也是我们整个华夏民族最重视的节日。每到春节，各族人民，包括海外华人都会载歌载舞，欢度节日。其实过去的春节，曾经专指节气里的立春，也就是说一年伊始，祈祷万物生发，这个节日跟春天有关。后来逐渐改成了农历的正月初一固定下来，就是现在的新年。

"新年"、"过年"的"年"字，大家看看甲骨文，像不像一个人背着一小捆成熟的庄稼穗儿？所以有学者认为"年"描绘的是古代的丰收舞。

甲骨文·年

稻禾都丰收了，人们头上插着禾谷做装饰，身上也背着庄稼，载歌载舞地庆祝起来。这种欢庆的样子差不多就是过年的场景。其实现在在北方，比如陕西一带还闹社火，东北还扭大秧歌。过年的时候，要红红火火的，就是一个大庆典嘛。

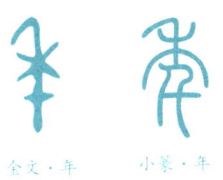

金文·年　　小篆·年

《说文解字》对它的解释是"谷熟也。从禾千声"。谷物成熟了，但这个时候，下面那个背着谷物的"人"字讹变成了"千"，变成了它的声符，读音接近现在的"年"。古代中原地区都是一年收一季稻，从播种到成熟的漫长周期，就是一年。所以"年"呢，就从谷物的丰收逐渐引申出时间的概念。《尔雅》里面说过："夏曰岁，商曰祀，周曰年。"夏商周三代，对于这一年365天的时间,它的称呼不一样。在夏朝的时候,认为这叫"一岁";商朝的时候,这一个周期是一次祭祀;到周朝的时候确定下来,这个周期叫作"一年"。

中国的大年,除旧迎新,基本上是从腊月二十三一直过到来年的正月十五,大概要过三个星期的时间。那个时候北方的土地上已经白雪皑皑,大地休耕,人当然是要回家过年的。这个年过得很从容,有些地方过完正月十五还接着过呢,一直过到二月二龙抬头。又欢庆又懒散,是对这一年辛苦的犒赏。

关于春节的民俗,当然是放爆竹,从南朝梁宗懔的《荆楚岁时记》里面就能看得到,"正月一日,是三元之日也,鸡鸣而起,先于庭前爆竹,以辟山魈恶鬼"。唐宋诗词里面当然也有很多,李商隐在《隋宫守岁》[1]诗里就说过:"沉香甲煎为庭燎,玉液琼苏作寿杯。"燃起名贵的沉香,庭院中火炬灯烛照得一片通明,举起琼浆玉液,大家祝贺新的春天的开始。当然最著名的还是王安石的《元日》:"爆竹声中一岁除,春风送暖入屠苏。千门万户曈曈日,总把新桃换旧符。"一阵一阵震耳欲聋的鞭炮声里,旧的一年已经跑了,按民间的说

---

[1] 李商隐《隋宫守岁》:
消息东郊木帝回,
宫中行乐有新梅。
沉香甲煎为庭燎,
玉液琼苏作寿杯。
遥望露盘疑是月,
远闻鼍鼓欲惊雷。
昭阳第一倾城客,
不踏金莲不肯来。

法,这个"年"指的可不是丰收,而是个怪物,"年"害怕大的声响,害怕红色。所以家家都挂红灯笼,放鞭炮,"年"就被吓跑了。在这个时候,大家还要喝屠苏酒。"千门万户曈曈日",太阳刚刚升起的时候,要把旧的桃符取下来换上新的。桃符也就是我们现在所说的对联,现在我们基本上还保留着过年贴对联的习俗。

年节的时候,过去的很多习俗今天还是很令人憧憬神往的。《东京梦华录》里记载北宋时汴京人过年的情景:"正月一日年节,开封府放关扑三日。士庶自早互相庆贺。"也就是说放大假的时候,无论士卒还是庶人,大家彼此之间拜年送礼。我们刚才说了要打小年腊月二十三算起,一直到二月二,那这中间要做多少事儿?从祭灶开始贴春联、写福字,一直到除夕的守岁、放鞭炮、吃饺子,这是我们今天还能看得见的一些习俗。

记得我小时候,还流行吃关东糖,那个关东糖就是要在小年的时候供灶王爷的,我问为什么呢?大人就告诉我,说你看关东糖嚼着粘吧,得把灶王爷的嘴给粘住,让他甜甜蜜蜜地上天给咱们言好事,不能告状。大年初一时,家家户户还都祭拜灶王爷,让他上天说好事，不说我们的过错，保佑我们平平安安。我一直觉得祭灶是一个可爱的节日，因为人们像小孩子一样，怀着那种天真而胆怯的恭敬，我给你点糖吃，你帮我说点好话，我知道我有错，但是明年我改，年年都变得更好，真是可亲又可爱。

当然更多美好的期盼是放在我们的对联中，就是我们说的桃符。我周围有很多文人朋友在过春节的时候，还有这个习惯，要自己写了春联给朋友寄来。差不多每年我还会收到四五位不同的朋友寄来的春联。当然比春联更流行的，家家户户到今天还认同的是贴福字，我们也来看看这个"福"字。

甲骨文·福　　金文·福　　小篆·福

"福"是个形声字，《说文解字》里说："福，祐也。"福祐就是保佑。《礼记·祭统》里说："福者，备也。"完备的备，"备者，百顺之名也，无所不顺者谓之备"。一切都是齐备的、是完备的，面对岁月都是有准备的，准备好了，一切齐全，这种状态就叫有福。古代称富贵寿考齐备为"福"。也就是说要有富贵,还要有人的长寿。所以人们贴"福"字,就是祈求富贵寿考,祈求人生的平安都能齐全。当然最大的年,其实就是从除夕到守岁。

西晋时候,周处在《风土记》里面记载,说除夕这一天,大家都是"终夜不眠,以待天明,称曰守岁"。这是记载守岁风俗最早的典籍。除夕夜通宵不睡这个风俗从西晋一直绵延到宋代。宋代的时候,守岁的风俗已经遍布城乡各地了,关于守岁的诗也很多,全家在一起欢欢喜喜守岁。现在我们都是看春晚,看饿了的时候,再下一锅饺子。这个饺子跟守岁也是有关联的,因为咱们守岁守到上一年结束的时候,论时辰申酉戌亥,亥时走到最后一分一秒,新年第一个时辰是什么?是子时,所以两年相交于子时,这个时分叫交子时分。大家一起放鞭炮迎接的,也是春晚倒数计时"五四三二一"念出来的那个时候就是交子之时。

现在的春节呢,第一,是大家的消费季,因为商店都在打折;第二,是大家的休息日,因为平时太累了,这时候都愿意吃吃饭,歇一歇;第三呢,这时候大家互相问候,但更多的是在手机上或者打电话,真正的走动也少了。我总觉得过去的春节过得美,虽然物质很匮乏,但是大伙儿真在乎。我记得在我小时候,每年过春节,每家的瓜子和花生还是凭票供应的,来我们家看我姥姥的那些朋友拎的点心匣子上面还有一张红纸,揭开以后,无非就是老北京的自来红、自来白,其实没有现在那些名贵的点心好吃。但是那个时候的花生、瓜子吃着就特别香,那个时候的点心吃着就特别甜。街坊邻里关系特别好,我姥姥包饺子就一盖帘、一盖帘包好多好多。那时候也没冰箱,都是用打湿的屉布盖在饺子边上不让它发硬,然后一锅一锅下。按说我家人口也不多,为什么要下那么多饺子呢?就是为了让我和表妹们挨家挨户给人家送,把热腾腾的这一大盆饺子送到别人家的大碗里,人家一定往我们的小兜里放把瓜子,手心里捧把花生,给个棒棒糖再回来。

一年伊始,我们真的是在过大节了,要跟大家说大年到了,给您拜年,春节快乐、新年快乐!

扫一扫
听于丹老师讲节气节日

元宵节

东风夜放花千树，
更吹落、星如雨

元宵节作为一个传统的节日，从两千多年前的西汉时期就已经存在了。古人把每年的农历正月十五定为元宵佳节。顾名思义，这一天就是进了农历新年以后第一个月圆之夜。为什么呢？咱们还得从汉字说起。

甲骨文·元

"元"字的甲骨文，你粗粗一看，像不像一个侧面站着的人形？可是你仔细观察，这人头顶上怎么多了横线呢？用它来强调重要的这个地方叫"元"吗？其实这个提示符就是指事符号。甲骨文的这个字，强调的是最上面，也就是头，这个脑袋的符号。

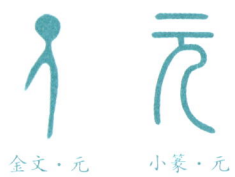

金文·元　小篆·元

我们再看看金文,还是侧立的人形,但上面的横线变成小圆点了。这是不是就像人的脑袋?所以说,"元"好理解,本义就是头,就是脑袋。

《说文解字》解释说,"元,始也。从一,从兀。"意思说"元"的本义就是开始。然而根据甲骨文、金文这些古文字看,许慎的解释这么直截了当,并不一定正确。

我们从本初上想,"元"就是人头,就是第一,就是开始,那么"开始"的意思用在哪儿呢?就用在一年、一月、一日里。我们说的元年、元月、元日、元旦,包括元宵,这些"元"都是开始、第一的意思。

金文·宵　小篆·宵

说完了"元",该说这个"宵"了。我们经常说春宵一刻值千金、通宵达旦，大家都理解"宵"就是夜。"宵"的字形，上面是个宝盖头，下面是它的声符"肖"字。

《说文解字》解释说："宵，夜也。从宀，宀下冥也；肖声。"意思说"宵"表示夜晚，在屋顶下幽冥灰暗。春宵一刻值千金，这个"宵"用的就是它的本义，也就是夜晚的意思。

从字面意思上我们就能理解，元宵指农历新年的第一个夜晚。那今天我们会说，元宵怎么是第一夜，不都到正月十五了吗？那前头过去的半个月怎么算呢？这就涉及朔日、望日的概念了。

大家想想，初一的时候你看得见月牙吗？其实看不见。每个月的十五或十六，月亮最大最圆的时候称为望日。那一天的月亮叫望月，也称满月。别看我们元宵节、上元节、中秋节都过十五，其实按中国人的说法，十五的月亮十六圆。所以元宵指的不是新年第一个新月的夜晚，而是指新年第一个圆月、满月的夜晚。

俗话说，正月十五闹元宵。什么叫闹元宵呢？可不是在家安安静静吃了元宵就叫过节。中国人过去讲究仪式感，集体在一起都是要欢庆的，要热闹的。按民俗这一天大伙要出去赏花灯、猜灯谜、放鞭炮、踩高跷、舞狮子舞龙，最后回家，才是阖家团圆吃元宵。

元宵这一天的圆满热闹，以及吃得甜甜蜜蜜，其实都是对未来日子的一种祝福。说到这里，就不得不提汤圆和元宵了。其实元宵跟汤圆从原料、外形到做法差别都挺大的，是两种不同的东西。看上去好像都是甜甜的小团子，但是做的时候不一样。简单来说，北方是摇元宵、滚元宵；南方是包汤圆、捏汤圆。北方做元宵是把馅料切成小块沾上水，然后放在一笸箩生糯米粉里在那儿摇啊摇啊。为什么叫摇元宵？一边摇一边洒点水，等到那馅儿全都滚成了圆球，元宵就做好了。

这个场景我至今想起来还觉得特别亲切。因为我姥姥是东北人。我从小的时候就看见姥姥带着我姨妈、舅妈，拿着大笸箩，里面放满了干粉，把切好的馅料蘸上水往里头一扔，那时候小孩儿最喜欢的就是跟在大人旁边摇元宵。

那汤圆是怎么回事儿？汤圆是包出来的，就是把糯米粉和成像面团一样的粉团，然后把不同的馅料包进去，当然最后做出来的也是小圆球。这个场景我也熟悉，因为我奶奶是上海人。所以我一回爷爷家，就看见奶奶在包汤圆。其实无论是摇元宵还是包汤圆，它都是图个团团圆圆，吃个甜甜蜜蜜，都是全家人的其乐融融。

正月十五，过去大街小巷都是张灯结彩的。那看灯的盛况在什么时候？是到了宋代，灯市特别壮观。我们都记得辛弃疾曾经写过一阕特别著名的关于元宵节的词："东风夜放花千树。更吹落、星如雨。宝马雕车香满路。凤箫声动，玉壶光转，一夜鱼龙舞"[1]。想一想那样的一种灯火明灭、热闹非凡，人们其乐融融，那是怎样的场景？过去男女授受不亲，很多大家闺秀的女孩子特别盼着过节。每年的正月十五在习俗上应该是最开放的，因为大家能够出来看灯，可以相会。在过去，大家平时真正能够相见相交的机会是不多的，好多女孩子足不出户，越是大户人家规矩越多。到了元宵节，正是一个合理合法走出家门去参与集体盛会的日子。可以说，在我们的传统戏曲里有好多相似的题材，陈三和五娘[2]就是元宵节赏花灯的时候一见钟情的；乐昌公主[3]和徐德言也是在元宵之夜破镜重圆的；《春灯谜》里宇文彦和影娘也是在元宵节定情的。这样的例子太多了，所以呢，寒冬时节的浪漫节日莫过于元宵。

[1] 辛弃疾《青玉案·元夕》：东风夜放花千树。更吹落、星如雨。宝马雕车香满路。凤箫声动，玉壶光转，一夜鱼龙舞。蛾儿雪柳黄金缕。笑语盈盈暗香去。众里寻他千百度，蓦然回首，那人却在，灯火阑珊处。

[2] 陈三、五娘出自《荔镜记》，是广东潮汕地区及福建闽南地区经常上演的传统剧目之一。讲述陈三在元宵灯会上与黄五娘邂逅，互相爱慕的故事。

[3] 乐昌公主是南朝陈宣帝之女，成语"破镜重圆"讲的就是她和丈夫徐德言的故事。

那么冷的天，赏花灯的时候总得干点什么，所以元宵还是个需要动动脑筋、开启智慧的场合，因为逛灯不光是看灯，还要猜灯上的谜语。我们的古典名著《红楼梦》里就留了好多灯谜，比如说"身自端方，体自坚硬。虽不能言，有言必应"，你说这是什么？这是砚台。

相传宋神宗时主持新法的王安石，二十岁那年赴京赶考。恰逢元宵节，于是一边走一边赏灯。遇上个大户人家高悬走马灯，就是这个灯里面可以一直转着，下面有谜语。这个谜却不是猜谜底，而是招亲的上联，写的是"走马灯，灯走马，灯熄马停步"。王安石读了以后一时对不出来，就记在心里了，去应考，考题是什么呢？正好是"飞虎旗，旗飞虎，旗卷虎藏身"。王安山马上把他看见的招亲上联给对上了，结果他就被取为进士。返乡途中路过那户人家，听说那招亲联没人对上，他又把考试题目给对出来了，结果又被招为乘龙快婿。这次巧合成就了王安石两大喜事，又成大婚，又登科中举，成为一段佳话。当然，这只是传说的故事。但是你看看中国人有趣味吧？对对联这是文人雅趣，猜灯谜这是百姓乐事。

无论是猜一个小小的谜语，还是对上一个有很多讲究的对子，这都是在寒冬里，那盏朗朗的灯照进大家心里的那点智慧和温暖。谁说猜灯谜不给小孩儿启智呢？总比只会埋头玩电脑游戏要实在点吧。所以呢，不妨问问家人，今天愿不愿意坐在一起猜几个谜语，甚至对一副对联，那才真的像过元宵节。

扫一扫
听于丹老师讲节气节日

上巳节

三月三日天气新，长安水边多丽人

相信不少人都知道王羲之的书法作品《兰亭集序》，它有如行云流水，遒美劲健，潇洒飘逸，是我国书法艺术史上不可多得的瑰宝，享有"天下第一行书"的美誉。其实《兰亭集序》里边还记述了一个今天已经逐渐被人们所淡忘的传统节日，那就是三月三，上巳节。有人说上巳节就是纪念黄帝诞辰的节日，中原地区自古就有"二月二，龙抬头；三月三，生轩辕"的传说，所以炎黄子孙在每年的农历三月初三纪念黄帝是理所当然的。那么上巳节也被称为中国情人节、女儿节，又是为什么呢？今天我们就来看看，这在历史长河中渐渐被遗忘的节日吧。

上巳节，这名称乍听起来，很多人都会一头雾水。究竟是出于什么样的想法而作此命名呢？其实，这跟我国以干支纪日的历法有关。古代将阴历三月上旬的一个巳日称为上巳。在汉代以前，这个节日都定在农历三月的第一个巳日，只是以干支历法来计算，某月某日可以用某一干支来表示，但每年的这一天不一定都固定为同一干支，也就是说每年三月上旬的第一个巳日对应的日子是变动的，为了省却计算日子的麻烦，魏晋以后就把这节日固定在三月三日，不必再取巳日了。就如《宋书·礼志》里边说的："自魏以后，但用三日，不以巳也。"

甲骨文·巳

我们再来看看"巳"这个字。"巳"的甲骨文像什么呢？有点儿像在腹中生长的胎儿，这胎儿头很大，身体蜷缩着。

金文·巳　　小篆·巳

到了西周时期的金文，字形的变化并不大，后来的小篆勾连起来成了一笔，就更接近生长中的胎儿的形状了。为什么这么说呢？不妨看看这包裹的"包"字：

小篆·包

《说文解字》解释说："包，象人裹（huái，古同"怀"）妊，巳在中，象子未成形也。"意思是说，这"包"字就像人怀孕了，"巳"在"勹"（bāo）的里边，像包裹在母亲腹中还没有成形，正在生长的胎儿。清代研究《说文解字》的四大家之一朱骏声在《说文通训定声》里边也说："巳，似也。象子在包中形……方生顺出为㝯，未生在腹为巳。"所以说很像在腹中生长的胎儿。可是《说文解字》却解释说："巳，已也，四月阳气已出，阴气已藏，万物见，成文章，故巳为蛇。象形。"意思是说"巳"表示已经，它代表四月，这时候阳气已经出来，阴气已经藏匿，万物出现，形成美丽的花纹和色彩。这象的是蛇的形状，所以"巳"字表示蛇。许慎的这个说法其实并没有正确解释"巳"字的字形和本义。后来"巳"被借用来表示地支的第六位,在十二生肖中对应蛇。

所以说,上巳节的名称里,"巳"字用的并不是它的本义,而是跟我国古代的干支历法有关。那么,除了开头说的相传三月三日是黄帝诞辰这个说法之外,上巳节的起源还有什么样的传说或是传统吗?

对上巳节最早的记载出现在汉代《周礼》郑玄注:"岁时祓(fú)除,如今三月上巳如水上之类。"也就是说上巳节的起源和祓除有关。"祓除"、"衅浴"都是古代除凶去垢的祭祀活动,人们希望把邪僻、灾祸洗涤消除,而得到纯洁清净。这是什么样的一种仪式呢?其实和斋戒沐浴的做法有点像,在这一天,人们会结伴到河边水边洗浴,希望把身上的污垢、灾祸洗涤干净,祈求平安幸福。那为什么要选在巳日进行呢?东汉民俗学家应劭在《风俗通义》里解释说:"巳者,祉也。"在巳日这一天洗浴,既能够祛灾除病,又有祈求福祉降临的愿景。这种活动其实可以追溯到春秋战国时期,《诗经·郑风·溱洧》里边就有细致而精彩的描绘:"溱与洧,方涣涣兮。士与女,方秉蕳兮。女曰'观乎?'士曰'既且。''且往观乎!'洧之外,洵訏且乐。维士与女，伊其相谑，赠之以芍药。"写的就是郑国三月上巳节青年男女结伴而行，手执兰草在溱水和洧水岸边游春、洗浴的情景。这种活动一直流传下来，到唐代依然非常盛行，杜甫的《丽人行》里边也提到："三月三日天气新，长安水边多丽人"，描绘了唐代长安城内三月三节日的盛景。所以说，有着男女结伴游春、祓除这些习俗的上巳节就被看作我国情人节的起源之一了。

上巳节又称为女儿节，是因为古代少女的成人礼一般在这个日子举行。成年女子会在这一天穿上漂亮的衣服，踏歌起舞，在水边嬉戏游玩，还会采兰驱除邪气，祈求吉祥如意。

除了祓除以外，上巳节后来又增加了祭祀宴饮、曲水流觞等内容，这些活动在魏晋时期发展得尤为鼎盛。在上巳节这一天，皇室贵族、文人雅士喜欢临水宴饮（称曲水宴），并且进行曲水流觞的活动，而历史上最著名的一次"曲水流觞"活动，就要数王羲之与友人在会稽举行的兰亭之会了。那曲水流觞究竟是一种什么样的活动呢？其实就是大家坐在河流两旁，在上游放置酒杯，酒杯顺流而下，停在谁面前，谁就取杯饮酒，有除去灾祸的寓意。这"觞"是单单指酒杯还是什么呢？

金文·觞　　　　　　小篆·觞

我们看看"觞"字的金文，左边是"爵"，是表意的形符，右边是"昜"（yáng），是表音的声符。后来小篆改为从角，昜声。既然"爵"是形符，那么我们先来看看什么叫"爵"吧。其实"爵"就是商周时期青铜制的饮酒器，相当于今天用的酒杯。

甲骨文·爵　　　　　　金文·爵

"爵"的甲骨文画得非常形象，是一个高脚杯的形状，到了西周时期的金文，更是活灵活现，所以这种酒杯的形状是圆腹的，前边有倒酒用的流口，后边有尾巴，旁边有把手，下边有三个尖的高脚。至于这个字的读音，有人说因为"爵"这种饮酒器的形状特别像鸟雀静立的样子，所以就读成"爵"这个音了[1]。根据"爵"的字义，我们知道"觵"的意义一定和酒杯、酒器有关。后来改为从"角"，构意其实也是一样的，因为角就是兕角，是古代犀牛一类独角兽的犄角，也可以用来饮酒，而且比后来人造的青铜饮器更为原始。

东晋穆帝永和九年三月三日，王羲之与谢安、孙绰等四十一位文人雅士，在山阴（今浙江绍兴）兰亭举行"修禊"的活动，饮酒赋诗，事后将各人的作品结集，"引以为流觞曲水，列坐其次。虽无丝竹管弦之盛，一觞一咏，亦足以畅叙幽情。"[2] 我们引溪水作为流觞的曲水，每人依次排列坐在曲水的旁边，虽然没有演奏音乐的盛况，但是喝点酒，作点诗，也足以畅快叙述幽深内藏的情感了。由此可见，曲水流觞这种劝酒取乐的活动已经逐渐成为上巳节的主要风俗之一了。

和曲水流觞类似的还有"曲水浮素卵"和"曲水浮绛枣"的活动，把煮熟的鸡蛋或红枣放在河水中，任其漂浮，谁拾到谁就把它吃了。只是宋代以后，理学盛行，主张"存天理，灭人欲"，封建礼教渐趋森严，上巳节男女结伴游春洗浴、聚会畅谈的这些风俗就被视为淫乱之行，所以上巳节逐渐衰微，以至于今天很多人对

1
上古时期，"爵"、"雀"声韵调相同，读音相同，今天在一些方言里"爵"、"雀"的读音依然是相同的

2
出自王羲之《兰亭集序》。

这个节日并不了解。

今天，三月三上巳节在我国西南的一些少数民族地区依然是一个相当盛大的节日，譬如从云南每年三月三日举行的泼水节当中，依稀能够看到古代上巳节祓除风俗的影子。但是其他大部分地区的很多人，都已经不了解这个节日的起源和相关风俗了。

寒食节

*春城无处不飞花，
寒食东风御柳斜*

不知不觉，清明节快到了。那大家知不知道，在清明节前一两天，古时候还有一个盛大的传统节日，只是这个节日后来被逐渐地遗忘了。唐代诗人韩翃（hóng）有首诗描绘了这个节日的场景："春城无处不飞花，寒食东风御柳斜。日暮汉宫传蜡烛，轻烟散入五侯家。"暮春时节，长安城处处柳絮飞舞、落红无数，寒食节的东风吹拂着皇家花园的柳枝。夜色降临，宫里都忙着传蜡烛，袅袅炊烟散入王侯贵戚的家里。这写的就是寒食节。

寒食寒食，顾名思义，就是说在这个节日人们吃的都是凉的东西，因为在这天会禁火，可是"日暮汉宫传蜡烛"是怎么回事？在寒食节那天，普天禁火，但是权贵宠臣却可以得到皇帝的恩赐而有燃烛的特权。唐代

《辇下岁时记》里边就有"清明日取榆柳之火以赐近臣"的记载。今天我们就来重拾这个被遗忘的节日吧。

寒食节在清明节前一两日,它是我国传统节日中,唯一一个以饮食习俗来命名的节日。在这一天,家家户户都禁烟火,只吃冷食。为什么会有这样的习俗呢?相传寒食节的起源和春秋时期的名臣介子推有关。故事得从《春秋左氏传》里"晋公子重耳出亡"说起。"出亡"是什么意思?就是出走、逃亡,这才是"亡"的本义,而不是我们今天常用的死亡、丢失这些意思。我们不妨看看"亡"的甲骨文:

甲骨文·亡

这个字形像不像人躲到隐蔽的地方去了?再来看金文和小篆:

金文·亡　　小篆·亡

字形上的弯曲变化后似乎比甲骨文更清楚，这不正像人逃往隐蔽的地方吗？后来的小篆可以看出字形的演变是一脉相承的。《说文解字》解释说："亡，逃也。"也就是说"亡"的本义是出走、逃跑。

从"亡"的字形分析中也可以知道，它是以"人逃跑躲到隐蔽的地方去了"这个造意来表示出走、逃跑的本义。比如今天说的亡命天涯，就是说一个人流亡到极远的地方，而且它更侧重于逃跑之后流浪在外的情况。比如《左传·昭公十三年》"晋公子重耳亡十九年"，这"亡十九年"就是到处奔走了十九年。你看这个"氓"字，由"亡"、"民"构成，说的就是逃离了乡土或是从主子那儿出逃的人。既然人出走了、逃跑了，那自然是没有了，所以"亡"又引申出丧失、丢失的意思。比如"亡羊补牢"这个成语，它出自《战国策·楚策》："见兔而顾犬，未为晚也；亡羊而补牢，未为迟也。"是说羊丢失了再去修补羊圈，还不算晚。比喻出了问题以后想办法补救，可以防止继续受损失。

那我们知道"亡"今天最常用的意思是死亡，比如国破家亡、人为财死鸟为食亡、顺我者昌逆我者亡等等，这是怎么引申出来的呢？人出走他乡或是从主子家逃跑了以后，古时候也有户籍记录，人不见了就只能标注"亡"了。标注了"亡"的人，名字虽然在籍，可人已经不复存在了，所以"亡"和"存"就构成了一对反义词。比如诸葛亮的《出师表》："今天下三分，益州疲弊，此诚危急存亡之秋也。"后来慢慢地"亡"就引申出人、事或物不存在于世上的意思，对人来说就是死亡；对国家、民族来说，就是灭亡。

回到寒食节的起源上来。"晋公子重耳出亡"，说的就是"骊姬之乱"之后，晋公子重耳为了躲避祸害，离开了晋国都城，避难奔狄，在国外八个诸侯国之间流亡了十九年，直至六十二岁才回国登基做国君，重掌政权，日后成为"春秋五霸"之一的晋文公。在这个流亡过程中，有一批誓死追随的忠心臣子，其中就有寒食节的主人公介子推。相传他在重耳出亡的时候，曾经"割股啖君"。

小寒·股

"股"是什么意思？这可不是今天我们说的屁股

啊，它的小篆左边是肉月旁，右边是"殳"（shū），可以断定这字义和肉有关，大约是人体结构的一部分。《说文解字》解释说："股，髀（bì）也。从肉殳声。""髀"是什么？就是大腿。还有成语"悬梁刺股"，苏秦读书昏昏欲睡，为了振奋精神，他拿起小刀刺的也是大腿。

《韩诗外传》记载说，重耳逃入卫国国境时，管理钱财的小臣头须（人名）偷光了重耳的资粮，逃入了深山。重耳无粮，饥饿难行，介子推毅然割下自己大腿上的肉供养重耳。这样舍身成仁、忠心护主的臣子理应得到重赏。可是晋文公回国成为国君以后，分封群臣，唯独介子推不愿受赏，还带着老母隐居到绵山。后来晋文公亲自到绵山请介子推，介子推还是不愿为官，躲避在山里。晋文公听信谗言，放火焚山，原意是想逼介子推露面，结果介子推抱着母亲被烧死在一棵大柳树下。为了纪念这位忠臣义士，晋文公下令：介子推死难之日不能生火做饭，只能吃冷食。后来唐代诗人卢纬卿还专门写过一首关于寒食节起源的诗歌："子推言避世，山火遂焚身。四海同寒食，千秋为一人。深冤何用道，峻迹古无邻。魂魄山河气，风雷御宇神。光烟榆柳灭，怨曲龙蛇新。可叹文公霸，平生负此臣。"这就是寒食节的起源。

从春秋时期到今天，寒食节已经有两千多年的历史了。寒食节刚刚兴起的时候，只是禁烟火，吃冷食，后来逐渐发展出祭扫、踏青、秋千、蹴鞠、斗鸡等风俗。

"禁火"是一个很有趣的风俗，除了禁止旧火，还有请新火的意蕴。每到初春季节，气候干燥，人们保存的火种很容易引起火灾，而且春雷发生也容易引发山火。所以古人在这个季节要进行隆重的祭祀活动，把上一年传下来的火种全部熄灭，即是"禁火"，然后重新钻燧取出新火，作为新一年生产和生活的起点，称之为"改火"或是请"新火"。宋代王禹偁就有一首叫《清明》的诗，虽题为清明，可也提到了和清明节相邻的节日——寒食节"请新火"的风俗："无花无酒过清明，兴味萧然似野僧。昨日邻家乞新火，晓窗分与读书灯。"还有苏轼《望江南·超然台作》[1]中的"休对故人思故国，且将新火试新茶"，说的就是寒食之后诗人煮茶品茶的活动。

至于寒食吃什么凉的东西呢？这就有寒食粥、寒食面、春酒、新茶、清泉甘水等等。踏青也叫踏春，盛行

[1] 苏轼《望江南·超然台作》：春未老，风细柳斜斜。试上超然台上望，半壕春水一城花。烟雨暗千家。寒食后，酒醒却咨嗟。休对故人思故国，且将新火试新茶。诗酒趁年华。

于唐宋。明代《帝京景物略》里边也有描绘寒食、清明期间踏青的情景："岁（寒食）清明日，都人踏青，舆者，骑者，步者，游人以万计。"还有秋千、蹴鞠、斗鸡等等这些风俗活动，在古代也是非常流行。

由于寒食、清明这两个节日在时间和习俗上都非常相近，久而久之，便合为一个节日了。清明节成为我国四大传统节日之一，而寒食节就逐渐被遗忘了，甚至很多年轻人都不知道，在清明前一两天还有一个节日叫寒食节。寒食节的发源地在山西介休绵山，所以山西一带还能保留一些这个节日的传统。山西民间禁火寒食的习俗多为一天，只有少数地方仍然习惯禁火三天。晋南地区习惯在寒食节这天吃凉粉、凉面、凉糕等等，晋北地区则习惯以炒奇（即将糕面或白面蒸熟后切成骰子般大小的方块，晒干后用土炒黄）作为寒食日的食物。

今天人们大多是"只知清明，不知寒食"了，寒食节似乎悄无声息地融入清明节，而逐渐被人们遗忘。可是从传统习俗的传承来看，清明节也同样悄无声息地吸收了很多寒食节的习俗和文化内涵。

端午节

五色新丝缠角粽，
菖蒲酒美清尊共

"五月榴花妖艳烘。绿杨带雨垂垂重。五色新丝缠角粽。"[1] 每到一年端午节，家家户户应该都飘着粽子的香气。不过南北习俗大不同，北方呢，爱吃甜粽子，南方爱吃咸粽子。但是现在家家户户包粽子的可真是太少了。还记得在我小的时候，端午节前我姥姥就会发上江米、泡上粽叶，到时候呢，把江米盆、粽叶盆都搬到院子里面，坐在树底下一条一条捋着，包出来不同的粽子。我跟表妹在旁边，拿着蓝的丝线、黄的丝线、红的丝线，把枣粽子、豆沙粽子，不同的粽子包出来。煮了以后，先要端着小笸箩去胡同里，挨家挨户给邻居送粽子尝鲜。所以呀，我怀念的那个节日真的像过节，因为家里有仪式感。而且老北京那种街里街坊的热情一直都在。过节，其实是顺着一种又一种食物的香气，追溯到

1

宋·欧阳修《渔家傲·五月榴花妖艳烘》：
五月榴花妖艳烘。绿杨带雨垂垂重。五色新丝缠角粽。金盘送。生绡画扇盘双凤。
正是浴兰时节动。菖蒲酒美清尊共。叶里黄骊时一弄。犹瞢忪。等闲惊破纱窗梦。

它最早的源头。咱们今天就来看看端午节。

每年五月初五迎来了端午节，又叫端阳节、午日节、五月节、龙舟节等等，总而言之这是个大节日。这个节日的命名本身就大有来历。什么是"端"？大家都熟悉李商隐的《锦瑟》[1]："锦瑟无端五十弦，一弦一柱思华年"，什么叫"无端"呢？没有因由、平白无故，我们也经常说"这一端、那一端"，那"端午节"的"端"跟这"无端"的"端"、"一端"的"端"有关联吗？

> [1] 李商隐《锦瑟》：
> 锦瑟无端五十弦，
> 一弦一柱思华年。
> 庄生晓梦迷蝴蝶，
> 望帝春心托杜鹃。
> 沧海月明珠有泪，
> 蓝田日暖玉生烟。
> 此情可待成追忆？
> 只是当时已惘然。

小篆·端

先来看"端"字的小篆，左边是个"立"，右边是"耑"（duān）。《说文解字》说"端"字就是"直"的意思。大家知道吗？在陕西方言中，如果有人告诉你"端走"，不是让你把吃的端走，而是告诉你照直走。现在大家还在这样用着，端行、端走，都是指一个人直着向前走。后来就引申出了正直、公正的意思。《孟子·离娄篇》里面说："夫尹公之他，端人也，其取友必端矣。""端人"是什么?就是指正直的人。那我们常说东西的"一端"、事情的"开端",这又是怎么回事呢?

甲骨文·耑

咱们看看甲骨文"端"字的右半边"耑",你就明白了,中间一横是土地,字形分成上下两部分,上面是植物刚刚长出枝叶的样子。那下边是什么呀?就是地下的盘根错节。

金文·耑

春秋晚期的金文就写得更简洁明了,中间的土地表示分隔的意味更清晰,上下两部分也都更明白。

小篆·耑

到小篆的时候，更线条化、抽象化了，也是指植物初生，这才有《说文解字》的解释："耑，物初生之题也。上象生形，下象其根也。""题"是什么？咱们不经常有命题作文，做文章要扣题，"题"其实就是题头，就是它最早的那个顶端，这就是"端"的本义，本来就指"开端"和"顶端"嘛。像选自《虞初新志》[1]、曾经收进中学课本的文章《口技》，形容口技艺人的表演技艺特别高超，"虽人有百手，手有百指，不能指其一端；人有百口，口有百舌，不能名其一处也"。这个"一端"就是指开端。

段玉裁在解"耑"字的时候就说："古发端字作此，今则端行而耑废。"也就是说"端"字用起来以后，不加"立"的这个"耑"就废了，就没有人再用它了。

咱们再回过头来说说端午节。农历每月有三个五日（初五、十五、廿五），头一个五日就是"端五"。元代的陈元靓在《岁时广记》[2]里边说："京师市尘人，以五月初一为端一，初二为端二，数以至五谓之端五。"

《说文解字》上解："午，啎也。"这是什么意

---

[1]《虞初新志》，清朝张潮选编，是一本明末清初中国文言短篇小说集。《口技》选自《虞初新志·秋声诗自序》，描写了一场精彩逼真的口技表演。

[2]《岁时广记》，南宋末年陈元靓编撰，是一部包罗南宋之前岁时节日资料的民间岁时记，是人们研究岁时节日民俗的一本重要资料汇编。

思？"五月阴气午逆阳，冒地而出"。这个"午"字有忤逆、逆反的意思。五月的时候，阴气跟阳气之间有冲撞，所以到了端午这个时候，根据阴阳冲撞之气，人是要驱邪去病的。"午"也被用来表示地支的第七位，和天干相配用来纪年。当它纪月的时候就是农历的五月。当然也有说午日，它也是纪日的。咱们现在用这个"午"，多是指中午、午后，当然也说午夜。所以呢，一二三四五的"五"跟中午的"午"同音，五午相重，就使得端午节也叫五月节，有些地方也叫重午节。从"中午"的"午"，是怎么引申到一二三四五的"五"呢？

咱们先看看"五"，最早的甲骨文好简单，就是五横。到了金文和小篆，字形就逐渐演变了。《说文解字》说，"五，阴阳在天地之间交午也"。

"五"的中间为什么是这么一个"乂"（wǔ）？最早中国人认为五行是金木水火土这五种构成世界的物

质。中间构形的这个"乂"字是阴阳二气在天地之间的交错，所以这个"五"字的本义正是时光在正午、交午时候纵横交错。林义光在《文源》里面就说过："五，本义就是交午，假借为数名。"也就是说"五"和"午"这两个字存在通用的情况，重午节、端午节和五月节，说的都是一个意思。

接下来，我们就看看端午节的起源跟各地的传统风俗。一提端午节，老少皆知，跟一个人有关，就是中国的大诗人屈原。司马迁在《史记·屈原贾生列传》里面说，屈原是楚国人，而且是楚王同姓，做了楚怀王的大臣，很受楚王的器重。那时候秦楚争霸，他举贤举能，力主联齐抗秦。因为那个时候，可以说已经到了合纵连横的最后阶段，谁能联合楚国，基本上就能够打败另外一家。当时，北方的秦、南方的楚、东方的齐，齐楚燕韩赵魏秦这七雄只剩下这三家有实力统一天下。其中楚是齐和秦争夺的焦点。屈原是希望能够联齐抗秦，却遭到了令尹子兰和大夫靳尚的强烈反对。最后，楚怀王被秦国扣留做了人质。屈原被流放了，离开了郢都，到了湘水流域。后来，秦军大破郢都。屈原万念俱灰，他写下《九章》中的《怀沙》以后，在农历的五月初五投汨罗江自尽。他投江以后，楚国的老百姓们就赶紧划船去救他，一直划到洞庭湖，根本没有见到屈原的尸身。人们怕江河里的这些鱼吃掉他的身体，就回家拿来米团投进江里，让那些鱼鳖虾蟹全都吃饱了，就不会再去咬屈原的身体了。

南朝梁代吴均写的《续齐谐记》[1]里写过这样的文字："屈原以五月五日投汨罗水，而楚人哀之，至此日，以竹筒贮米，投水以祭之。"可以说从最早的竹筒，到后来的粽子，当然还有人往江里倒雄黄酒，说是要药晕了那些蛟龙水兽，免得伤害他。端午的这些习俗，据说都跟纪念屈原有关。

当然除此之外，关于端午节的起源，还有一个民间的说法。相传这是古代百越地区崇拜龙图腾的部落进行祭祀的节日。在五月初五前后，会举行龙舟竞渡来进行图腾祭祀。闻一多先生在《端午考》里面也曾经说过："端午节就是龙的节日。"百越民族认为自己是龙的传人、龙的子孙，那么他们要赛龙舟，进行盛大的图腾祭祀活动。在端午节，无论吃粽子，还是赛龙舟，不同的起源、不同的解释，都沿袭下来了。到了今天，还将继续沿袭下去。

[1]《续齐谐记》，南朝梁吴均撰，是一本古代中国神话志怪小说集。

端午节成为一个大的节日，还跟人们的保健养生有关。因为这时候，天气已经热起来了，要驱邪、去病，很多地方的端午节，都有悬挂菖蒲、艾叶，佩戴香囊、放风筝、喝菖蒲酒，当然也喝雄黄酒这样的一些习惯。其实这就是"清明插柳、端午插艾"，你说艾草、菖蒲，包括喝雄黄酒、菖蒲酒，有什么用途呢？这个时候气温上升，疾病多发，病菌也都活动起来了。很多年轻的妈妈带着小孩挂五彩红绳回姥姥家，门后挂着艾草，身上佩戴香囊，所有这一切都是为了去病。白娘子为什么显了原形？喝的那个雄黄酒，因为它太烈，是要杀菌的。

其实我们很多节日、节气的由来，有文化的由头，也有养生的由头，有地方习俗的由头，也有人们对于一种习俗的心理认同。走到今天，大家有了更先进的去病、保健手段，显然不太用艾草、雄黄酒这些了。但是屈原的名字传下来了。这几年，可以说古典诗词已经在民间复兴了，大家对它们的热情空前高涨。所以现在再过端午节，大家宁可把它看作是一个中国的诗歌节。赛龙舟变成了一个表演的项目，没有那么多人参与了。但是诗意反而在人们的心中蔓延了。能够记住中国历史上第一个以个人的名字传世的伟大的屈原，在这个时候追念他、念念诗歌，当然也算是过端午节了。何况吃粽子的习俗，现在仍旧在流传，如果家家户户都包包粽子、念念诗歌，那这个节日的仪式感还是离我们不远的。

七夕节

天阶夜色凉如水，
卧看牵牛织女星

　　七夕如今被当成"中国版的情人节"。一提这个节日，大家都能想到牛郎织女鹊桥相会的故事。我还记得在很小的时候，我爸爸就教我背杜牧的《秋夕》："银烛秋光冷画屏，轻罗小扇扑流萤。天阶夜色凉如水，卧看牵牛织女星。"正值大夏天，小孩燥热，浑身都是汗，我总是觉得闷闷的，都是热风，怎么能有"天阶夜色凉如水"呢？我爸爸就说你往天上看，给你讲牛郎织女的故事。小时候看星星，其实也看不出来什么神话的形态，但是那些浪漫的想象就在大人的传说里。

　　七夕又被称为乞巧节、女儿节。因为七月初七的时候，有这样浪漫的故事，又为女孩子所关注，它就成为我们传统中最具浪漫色彩的一个节日。作为一个务实的农耕民族，中国人整体的浪漫色彩其实是不太强的。幸亏我们还有一个有神话、有诗词的七夕。

先来说为什么在七月七呢？大家看一看"七"的甲骨文字形：

甲骨文·七

一大横一大竖，这表示什么呀？表示东西从中间给切断了。所以"七"字原来是"切"字的初文。那大家会说，这不是今天的"十"吗？"十"是什么样？其实"十"的甲骨文字形就是一竖。

甲骨文·十

中国很早的时候，就已经有了十进制，先是象形的，一是一横，二是两横，三是三横，四是四横，到五就变了。"六"的甲骨文字形是"庐"字的初文，"庐"、"六"音近，所以就假借为数字"六"。那么到了十的金文，"十"的中间才加了一个小点。

金文·十

到了小篆的时候,"十"才接近如今的字形。

小篆·十

古文字形"十"与"七"的区别在于,"十"是横短竖长,"七"是横长竖短。后来"七"的竖画弯曲,变成了一个竖弯钩。

七月七是中国古代的一种数字崇拜的表现。我们以前说过,中国数字分阴阳,正月正、三月三、五月五、七月七、九月九,都是阳数。正月正,这是一年的开始。三月三是踏春时节,五月五是端午,七月七是七夕，九月九是重阳。此外，虽然说二、六属于阴数，但是预示好事成双的二月二和三的倍数六月六，也算作是吉数。加上前面的五个，这七个都叫吉庆日。所以大家注意到，这个"七"有意思吧？打过算盘的人知道，算盘每列的珠子数都是七个。这个数字既是浪漫的、传奇的、神话的，同时又是务实的、严谨的、中庸的，有一种神秘之美。

数字的"七"跟夫妻的"妻"是同音的，七夕节跟女人也有很大的关系。七夕节一直跟牛郎织女的故事相连，这是中国古代著名的四大传说之一。传说织女是天帝之女，她下凡以后爱上了朴实的牛郎。其实这跟七仙女爱上董永、白娘子爱上许仙都是一类的故事。在古代的故事里，我们经常说仙女下嫁的都是凡人，而这个凡人呢，要么读书、要么耕田，耕读传家，忠厚本分，所以才有这样的好福气。那么织女嫁了牛郎以后，还很美满，生了一儿一女。但是后来被王母娘娘派人给抓回去了。

牛郎担着一对儿女连追带赶的时候，王母娘娘拔下簪子，在他们两个人之间划出了一道天河。这两人每年只有到七月七，在遥遥的天河两岸，通过喜鹊搭起的鹊桥，才能够走到中间相会一次。这个故事很美，但是也很忧伤。它全部的魅力就在于那种悠长悠长的期盼。如果这是永无归期的，或许它也会让人心止如水，但是一年又有这样一次相会。

这个故事传到了民间，因为织女心灵手巧，所以每逢七月七，过七夕这个相思节、情人节，凡间的女子会在这天晚上偷偷向她乞求智慧和灵巧的技艺，同时会悄悄在心里许愿，希望织女保佑更多人间的子女有美满姻缘，不再受分离之苦。

在这样的夜晚，大人就经常给孩子讲故事，你看见牛郎了吗？牛郎扁担上面挑着两个筐，一头是他儿子，一头是他女儿。你看见织女过来了吗？你看见他们在一起相会了吗？大伙儿都悄悄在葡萄架底下、瓜地旁边偷偷去听，能听见两个人说悄悄话吗？这样的故事是中国人代代相传的美丽传说。孟姜女传、白蛇传、梁山伯与祝英台，还有牛郎织女的故事，是中国古代民间著名的四大传说。这个传说传到了诗词里，就又有了深邃的优美和忧伤。大家都熟悉秦少游写的《鹊桥仙》，就发生在这样的夜晚。"纤云弄巧，飞星传恨，银汉迢迢暗度。金风玉露一相逢，便胜却人间无数。柔情似水，佳期如梦,忍顾鹊桥归路。两情若是久长时,又岂在朝朝暮暮。"这差不多是我们很小很小的时候就会背诵的诗词。

我从很小听姥姥讲牛郎织女的故事,听爸爸教我背杜牧的那首《七夕》和秦观的这首《鹊桥仙》。那个时候过七夕,北京的院子里还是有习习凉风的,也有大把悠闲的时光。姥姥还是用那种芭蕉叶的大蒲扇扑打着蚊子,坐在院子里教我看星星、听诗词。其实在今天回望过去,这些故事在中国人的心里留下了多么美丽的遗憾。你想一想,"金风玉露一相逢,便胜却人间无数",其实他们终归要有"忍顾鹊桥归路",依依不舍要离散的时候。为了安慰自己,说出了如此经典的一句话,被多少人间分离的恋人传诵了千年,"两情若是久长时,又岂在朝朝暮暮"。

牛郎织女的传说,早在西周的时候就产生了雏形。古人观测天象,发现银河北滨的三颗星辰的运动规律犹如织布梭,因而取名为织女星,跟它相对的那颗星就取名叫牵牛星。《诗经·小雅·大东》里面就有这样的句子:"维天有汉,监亦有光。跂彼织女,终日七襄。虽则七襄,不成报章。睆彼牵牛,不以服箱。"什么叫

"虽则七襄,不成报章"?就是说它每天在那儿织啊织啊,但是它并不能够织成一段完整的纹理,根本就织不出布来,牵牛星也只是牵着它的那一头牛。程俊英教授把这首诗翻译成了现代文,读起来大概是这样的,"天上银河虽宽广,用作镜子空有光。织女星座三只角,一天七次移位忙。虽然来回移动忙,傍晚长庚随夕阳。毕星似网长柄弯,斜挂在天没用场。"

到汉代的时候,《古诗十九首》中有更著名的一首诗:"迢迢牵牛星,皎皎河汉女。纤纤擢素手,札札弄机杼。终日不成章,泣涕零如雨。河汉清且浅,相去复几许。盈盈一水间,脉脉不得语。"这首诗主题虽然是天上二星,但是人物形象已呼之欲出了。在这首诗里,"盈盈一水间,脉脉不得语",最远的距离,最近的情意,也是我们今天依然传诵的名句。

七夕节最早其实是人对自然星宿的一种神秘向往和崇拜。"夕"是什么呢?大家看甲骨文里这个"夕"字,像不像月初之相?原来"夕"跟"月"本为一字,后来才分化成两个字的。

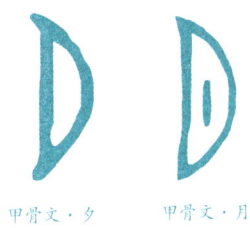

甲骨文·夕　　甲骨文·月

《说文解字》上解释："夕，莫也。""莫"也就是暮夜的"暮"。人只有在晚上才能看得见星星，牵牛星和织女星也在这个时候出现了，所以就把这个时分称为七夕。

古代的人们当然不只是崇拜牵牛星、织女星。东西南北各有七个代表方位的星宿，合称为二十八宿。其中北斗星最亮，是夜行人在夜间可以作为方向标的。北斗七星的第一颗星星叫魁星，后来在科举中中状元的人也被称为"夺魁"。女人在七夕乞巧，而读书的士子把七夕叫作魁星节。读书人想求取功名的时候，就要在七夕这天祭拜，保佑自己文运亨通。所以七夕这个日子，既有读书人的智慧，又有女人的灵性。

那女孩子为什么在这个时候乞巧呢？古代的女孩子觉得心灵手巧才能够嫁得一个好人家。所以在东晋葛洪的《西京杂记》[1]里面就记载："汉彩女常以七月七

[1]《西京杂记》，汉代刘歆撰，东晋葛洪辑抄，其中"西京"指的是长安。该书是一本记述西汉杂史的古代历史笔记小说集

日穿七孔针于开襟楼,人俱习之。"这是最早有关乞巧的记录。到了五代的时候,诗人王建的《宫词》就说:"阑珊星斗缀珠光,七夕宫嫔乞巧忙。总上穿针楼上去,竞看银汉洒琼浆。"而唐代跟这个时分有关的诗句,更多是跟唐玄宗有关的,大家在今天常常会想起白居易的《长恨歌》:"七月七日长生殿,夜半无人私语时。在天愿作比翼鸟,在地愿为连理枝。天长地久有时尽,此恨绵绵无绝期。"

想当年,唐玄宗和宠妃杨玉环浓情蜜意,在七夕的时候,还感叹牛郎织女多不幸,一年只能相会一次,不比我们俩,在长生殿上可以日日厮守。这上天入地相厮守的秘誓,在马嵬惊变的时候不堪一击。以至于后来诗人们在追溯这一段史实的时候,都不免大发感慨。像李商隐写下的《马嵬》[1],就重新回到了当时的场景。他替杨贵妃说:"此日六军同驻马,当时七夕笑牵牛。如何四纪为天子,不及卢家有莫愁。"今天六军驻马不发,非要处死我杨氏兄妹,你可曾记得当年咱们在七夕长生殿上,笑看牵牛织女星许下的秘密誓言吗?为什么你做了四十年的天子,还不如一般人家,保不住自己心爱的女人呢?所以七夕这个日子,既是美丽的,也是忧

[1] 李商隐《马嵬》其二:
海外徒闻更九州,
他生未卜此生休。
空闻虎旅传宵柝,
无复鸡人报晓筹。
此日六军同驻马,
当时七夕笑牵牛。
如何四纪为天子,
不及卢家有莫愁。

伤的。

到了宋元之后，市井商业发达了。既然人人心中都有对爱情长久的期盼，那么专卖乞巧物品的市场就兴盛起来，称为乞巧市。在宋代笔记《醉翁谈录》[1]里面就曾经记载："七夕，潘楼前买卖乞巧物。自七月一日，车马嗔咽。至七夕前三日，车马不通行，相次壅遏，不复得出，至夜方散。""嗔咽"是什么？跟后面的"壅遏"差不多，就是车水马龙，人走都走不出去。这里说的是什么呢？就是乞巧市上大家买东西的盛况。由此可以知道，人们从七月初一就出来买乞巧的东西了，一直到七夕，差不多一个星期，人流如潮，熙熙攘攘，宛如一个盛大的节日。

此外，也有记载说："农历七月七日为牛郎织女聚会之夜，妇女结彩缕，穿七孔针。陈瓜果于庭中，以乞巧。"七孔针是一根很细很细的针，乞巧的时候女孩子们要眼望着天，双手背在后面穿针。谁先穿上了，这个人就叫得巧。而穿呀穿呀，手忙脚乱穿不上，最后就叫输巧。当然这只是一个游戏，你想想我们今天穿针孔，谁手背在背后能穿得上？如今，这些民间习俗有些已经没有了。大家在这个时候，也没有希望考取功名夺魁星

[1] 《醉翁谈录》，宋罗烨、金盈之辑，是一部记载唐代遗事、宋人诗文和宋代京城风俗的著作。

那样的一种许愿了。甚至就连七夕最原始的意味，相思，今天都淡了。

在七夕节，我们要思考一个意味深长的问题。相比于过去的牛郎织女，现在解决人们相思之苦的通讯工具解决了，我们可以有电话、有微信；解决大家相思之苦的交通工具也解决了，有飞机、有高铁。但是相思本身还在吗？中国一个一个的传统节日，从一个一个汉字解下去，背后有着这么多的含义，走到今天，我们还会真正过节吗？七夕的神话还活在今天吗？我们心里的相思还在坚守吗？这大概才是我们仰望星空，真正的意义所在。

扫一扫
听于丹老师讲节气节日

中元节

绛节飘飘宫国来，
中元朝拜上清回

"天地有中气，第一是中元。"[1]农历七月十五是传统的"中元节"，这个节日民间还有几种不同的叫法，如七月半、鬼节、施孤，佛教称盂兰盆节等，接下来我们就来了解一下这个节日。

中元节，民间多俗称"鬼节"，是中国传统的亡灵节。传说这天地府洞开，鬼魂四出，所以民间有"七月半，鬼乱窜"的说法。有祀者，回家接受子孙的祭拜；无祀者，就由公众请佛道做法事普度，勿使孤魂野鬼，流浪为害。所以亡灵祭祀就是中元节的节日主题。

中元节是在上古秋祭习俗的基础上发展而来的。秋天是收获的季节，人们举行向祖灵献祭的仪式，将成熟的谷物首先献给自己的先人，一方面是为了报答祖先的荫庇，另一方面是为了让神灵优先享用时令佳品，以

[1] 出自宋·刘辰翁《水调歌头·天地有中气》

免降下灾祸。这种孟秋献祭的仪式在古代被称为"尝新"、"秋尝"等。

那为什么要将祭祀的日期定在七月十五呢？农历七月十五是下半年的第一个望日，一般也是立秋之后的第一个月圆之夜，此时阴气旺盛，因此在这天祭祀亡灵，是极佳的选择。

佛教也在这一天举行超度法会，称为"盂兰盆会"。"盂兰"是古印度梵语的音译，意为倒悬，形容亡人之苦，"盆"指盛放供品的器皿，合起来意思便是"救倒悬之器"。另外，盂兰盆还突出了安放百家饭食的特点。佛教典籍《盂兰盆经》记载了"目连救母"的故事，也说明了盂兰盆节的来源。目连是释迦牟尼的弟子之一，他的母亲青提夫人虽年轻貌美却无嘉言懿行，为人刻薄，仇视僧人，死后被打入恶鬼行列饱受折磨。目连为了救他的母亲，遵照佛祖的指点，在七月十五这一天敬设盛大的盂兰盆供奉，呈上各色食品，供养十方的僧众，使其母能够脱离困厄。有鉴于此，佛祖就要求佛门弟子尽心行孝，于每年的七月十五作盂兰盆法事施舍僧众，同时也报答父母的养育之恩。于是，每年七月十五的盂兰盆节就逐渐演化成了弘扬佛法的"孝亲节"。

"中元"之名大概是魏晋南北朝时期道教的说法，道家将正月十五、七月十五、十月十五这三个月圆之夜定为上元、中元、下元，分别为天官、地官、水官的诞辰，形成了天官赐福、地官赦罪、水官解厄的三元节。上、中、下并举，可知"中"在这里表示中间之义。

甲骨文·中

人们对"中"的甲骨文字形表示的含义有几种理解：一种观点认为"中"就像一面旗帜插在中央，这与商代立旗以观测风向有关。所以"中"也就有了中间、中央等义。（参见赵诚《甲骨文简明字典》）另一种观点认为"中"像一架测天仪，中间一竖表示测天仪的立架，是安装在立架上的瞭望台，以供古人观测天象，上面类似飘带的东西是用来测量风向的。（参见李圃《甲骨文选读》）

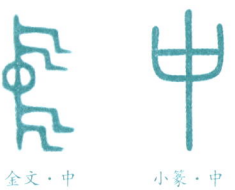
金文·中　小篆·中

　　金文的"中"字沿袭了甲骨文中的常见写法，小篆的这个字形，甲骨文中也曾出现类似字形。《说文解字注》解释为："中，内也。""内"是"中"的引申义。如《周礼·考工记·匠人》："国中九经九纬。"郑玄注："国中，城内也。"

　　"元"字我们已经有所了解，"元"是一个指事字，它的本义即表示人头，如《尔雅·释诂下》："元，首也。"还可以引申为第一、开始等义，如人们用"连中三元"来形容古代科举考试考生在乡试、会试、殿试中均考得第一名，即考得解元、会元、状元的情况。

　　唐朝时，中元节兴盛起来，并逐渐成为固定的节日。中唐诗人王建《宫词》[1]中就有："看着中元斋日到，自盘金线绣真容。"晚唐的李商隐也有："绛节飘飘宫国来，中元朝拜上清回。"[2]都描绘了中元节的盛景。到了宋代，中元节得到空前发展，佛教的盂兰盆节

---

[1] 王建《宫词》：
灯前飞入玉阶虫，
未卧常闻半夜钟。
看着中元斋日到，
自盘金线绣真容。

[2] 李商隐《中元作》：
绛节飘飘宫国来，
中元朝拜上清回。
羊权须得金条脱，
温峤终虚玉镜台。
曾省惊眠闻雨过，
不知迷路为花开。
有娀未抵瀛洲远，
青雀如何鸩鸟媒。

和道教的中元节合并成一个盛大的节日，并且得到了统治阶级和民众的普遍认可，发展出一系列丰富的节日活动。如南宋周密《武林旧事》记载："七月十五日，道家谓之中元节，各有斋醮等会。僧寺则于此日作盂兰盆斋，而人家亦以此日祀先。例用新米、新酱、冥衣、时果、彩缎、面禖，而茹素者几十八九，屠门为之罢市焉。"

明清时期，中元节节俗与宋代相差无多，但在北方更重视放河灯，乡村一般是上坟祭墓，如清代潘荣陛《帝京岁时纪胜》载："自十三日至十五日放河灯，使小内监持荷叶燃烛其中，罗列两岸，以数千计。又用琉璃作荷花灯数千盏，随波上下，中流驾龙舟，奏梵乐……结伴呼群，遨游于天街经坛灯月之下，名为斗灯会，更尽乃尽。"

时至今日，农历七月十五这天，仍然保留着许多中元节的传统，如祭祀习俗。七月初的时候，在城市街道中就可以看到成山的祭品，冥纸、冥衣、灵屋、线香、鞭炮，琳琅满目，初十之后便要打扫厅堂，放置香案、祖先牌位、酒肴果品，以迎先人。到了十五日，就焚烧冥衣、纸钱、灵屋等，祭奠逝世的亲人长者。

另外,中元节放河灯的习俗也流传了下来。河灯也叫荷花灯,一般是在底座上放灯盏或蜡烛,七月十五这晚放入江河之中,任其漂流,放河灯的目的,据说就是为了普度水中的水鬼和其他孤魂野鬼。

中秋节

露从今夜白，
月是故乡明

花好月圆人长久，月到中秋分外明。

中秋节又称仲秋节、八月节、拜月节，也称女儿节，或者直接就叫它团圆节。中国古代的历法，四季里的每一季都分孟、仲、季这三个阶段，也就是说各一个月。那农历的八月正好是秋季的第二个月，自然就是"仲秋"。后来才演变成中秋。

史书上有种种记载，《唐书·太宗记》里面就说"八月十五中秋节"。月亮到这个时候格外圆满，皎洁如玉，也滋养了很多的诗情。像大诗人李白对这轮明月可以说是一生的牵挂，他有些诗简直就像是朗朗上口的儿歌一样。你看《古朗月行》¹："小时不识月，呼作白玉盘。又疑瑶台镜，飞在青云端。"这是一个白玉大盘子吗？还是王母娘娘的镜子呢？这么一种天真的

1
李白《古朗月行》：
小时不识月，呼作白玉盘。
又疑瑶台镜，飞在青云端。
仙人垂两足，桂树何团团。
白兔捣药成，问言与谁餐。
蟾蜍蚀圆影，大明夜已残。
羿昔落九乌，天人清且安。
阴精此沦惑，去去不足观。
忧来其如何，凄怆摧心肝。

发问,是觉得明月跟人之间有那么深刻的一种关联。"明月几时有?把酒问青天。不知天上宫阙,今夕是何年。"这是苏东坡深沉的发问,他甚至还对明月有一点埋怨:"不应有恨,何事长向别时圆?"人间有那么多的分别,但是你如此明亮,照出了人间的别离与沧桑,难道你的心中也是无情有恨的吗?苏东坡《水调歌头》[1]里面总结得好,"人有悲欢离合,月有阴晴圆缺,此事古难全。但愿人长久,千里共婵娟。"人间不如意事长八九,团圆毕竟是少的,缺憾才是常态。我们不妨从古文字里,看看"月"字到底怎么写的,是圆的多还是缺的多呢?

大家看"月"的甲骨文:

甲骨文·月

画的是什么月啊?就是一弯新月。后来金文写成这个样子:

---

[1] 苏轼《水调歌头·明月几时有》:
明月几时有?把酒问青天。不知天上宫阙,今夕是何年。我欲乘风归去,又恐琼楼玉宇,高处不胜寒。起舞弄清影,何似在人间。
转朱阁,低绮户,照无眠。不应有恨,何事长向别时圆?人有悲欢离合,月有阴晴圆缺,此事古难全。但愿人长久,千里共婵娟。

甲文·月

半月形里面加了一小竖。这就跟中国的神话有关。有人说这就是玉兔，也有人说这是吴刚一直砍不死的桂树。说明这一轮月牙里边也是含着故事的。到了小篆的时候写得不那么象形了：

小篆·月

《说文解字》里面说，"月，阙也。大阴之精。"你看月有阴晴圆缺，缺月才是常态啊。《释名》里面也做了相似的解释："月，缺也，满则缺也。"从古至今，阴晴圆缺在望朔之间变化不定，盈极而亏，亏极而盈。所以不圆满的时候多，为其一朝圆满大家就要过个隆重的节日。这一个月里只有那一天最圆满，而在这整整一年中也只有八月十五，天心月圆是最最圆满的。

那当然可能会有人说，为什么不把这个"月"字直接画成满月呢？但缺月其实才是我们经常看见的月亮之形。所以中国人写宋词才会写出"天外一钩残月带三星"[1]。只有这样的如钩残月带上三颗星的时候，你才会在天边看见自己的一颗心。

古人认为月亮是"太阴之精"。我们知道中国人的哲学讲究阴阳平衡，太阳就是天地间最大的阳，那么太阴就是天地间最大的阴。阳象征着白昼，象征着天空，也象征着男子；而阴象征着黑夜，象征着大地，象征着女人。月从缺到圆，从圆到缺，反复经历着这样的变化，以时间来算这个周期是一个月。正因为有圆有缺，圆满才显示得弥足珍贵。

在这弥足珍贵的团圆时刻，涌现出很多美丽的诗篇。老百姓最熟悉的就是李白的"举头望明月，低头思故乡"[2]。这是一种牵挂啊。白露之后离中秋就近了，杜甫才有名句说"露从今夜白，月是故乡明"。王安石在一年一度迎来春风的时候也会说"春风又绿江南岸，明月何时照我还"[3]。所有这些句子，都跟明月有关。明月真正照亮的是人心中的期盼、缺憾和憧憬。而这一年的明月中，中秋月色最神秘、最浪漫。嫦娥奔月、吴刚伐桂、玉兔捣药，所有这些传说都是朦朦胧胧月影

1
秦观《南歌子》：
玉漏迢迢尽，银潢淡淡横。梦回宿酒未全醒，已被邻鸡催起怕天明
臂上妆犹在，襟间泪尚盈。水边灯火渐人行，天外一钩残月带三星

2
李白《静夜思》：
床前明月光，
疑是地上霜。
举头望明月，
低头思故乡。

3
王安石《泊船瓜洲》：
京口瓜洲一水间，
钟山只隔数重山。
春风又绿江南岸，
明月何时照我还。

中的神话，给中秋添了韵味。总是有老太太摇着大蒲扇，旁边放着茶，放着果，手指着天上，给小孙子讲这些故事。

最著名的故事当然是嫦娥奔月。传说嫦娥是后羿的妻子，她盗窃了西王母的不死药，偷偷吃了，身体就不由自主地飞升起来，奔向了明月。有很多人都在揣摩，她心中是不是会有后悔呢？唐代诗人李商隐就写过一首《嫦娥》，写得特别深情："云母屏风烛影深，长河渐落晓星沉。嫦娥应悔偷灵药，碧海青天夜夜心。"你可曾想过这样朗朗的明月，竟寄托着一个女人痛悔的心？

这个月亮上还有吴刚永远砍不死的桂树，有玉兔在那儿捣药，所以月就多了好几个雅致的别称，比如有人称它桂宫、蟾宫、月宫，把它想得像一座宫殿一样。后来科举应试，大家取这个吉利，正好秋天要去赶考，所以就把那些高中的人称为月中折桂或者是折桂蟾宫。

中秋节自古就有好多习俗，祭月、拜月、赏月，也赏桂花、饮桂花酒，其中吃月饼是我们今天最熟悉的。如今我们中秋节的吃食越来越多了，而且大多是圆圆的，月饼、柚子、葡萄，这时候正好也是瓜果梨桃下来的时候，大家吃着这些圆圆的祭品、贡品、新鲜瓜果，心中当然就祈求着圆圆满满。

　　月饼古时候就有,但只是日常的点心,到了宋代跟中秋节关联就大了。苏轼就曾经写过《月饼》诗:"小饼如嚼月,中有酥和饴。默品其滋味,相思泪沾巾。"中秋嚼着小饼,其实想的还是远方的亲人。所以你说吃月饼只有甜蜜欢喜吗?这里也有相思啊。八月十五这个中秋节,"月饼相邀,取团圆之义",赏月吃月饼越来越固定成为一种习俗。苏东坡还曾经写过《阳关曲·中秋月》:"暮云收尽溢清寒,银汉无声转玉盘。此生此夜不长好,明月明年何处看。"大家能一起品着月饼,赏着明月,其乐融融,亲友在侧,这样的日子明年就不知道是不是还看得见了。所以我们不光把赏月节过成这么一个欢心的节日,还得有一些内心的珍惜。

　　如今月饼种类当然很丰富了,有京式、苏式、广式、潮式等,色香味越来越讲究。同时我们现在也越来越重视健康,尽量少油、少糖。今天赏桂花、喝桂花酒的习俗也越来越丰富了。花好月圆,大家追寻的不过是一种期盼罢了。这几年微信的朋友圈,大家发明月越来越多,我常常看见在中秋前几天大家就开始反复发,世界各地天文台能看见的最美的月亮,有高高挂在树梢的，有远远顶在山涧的，也有很近的"人在明月中"。月亮的颜色有白亮亮的，有黄灿灿的，甚至还有粉红色的，各式各样。我也承认在世界不同的景观中拍到的月亮，固然是很美，但是在亲人身边，和老小一起散散步、赏赏月，就算是月亮不那么明亮，但是这份亲情的其乐融融，是不是也弥足珍贵呢？

每当中秋节，我都衷心想跟朋友们说一句，别闷头去看手机里那个虚幻的远方的月亮，还是跟身边的亲人一起，看看你们前方也许不那么明亮、不那么美丽的月亮，毕竟那才是真实的月亮。一个人在真实的月亮前，你吃过的月饼，你念过的诗词，你说过的那些情话，才会真正和明月的光辉化成永恒。而年复一年积累下来的这种光辉，才是我们生命中真正经历过的中秋节。

扫一扫
听于丹老师讲节气节日

重阳节

独在异乡为异客，
每逢佳节倍思亲

一千多年前，大唐诗人王维登高远眺，用一首七绝吟诵思念之情："独在异乡为异客，每逢佳节倍思亲。遥知兄弟登高处，遍插茱萸少一人。"

现在到了重阳佳节，不知道还有多少人在外有这样的心声，遥望故乡思念亲人。重阳节其实是中国最悠久的传统节日之一，在农历的九月初九。"重"是重复、重合、重叠的意思，在这一天"日"和"月"都逢九，"九"是阳数，所以"重九"也叫重阳。

古人认为"九"是一个吉祥的数字。九是单数中的最高，"九九"也跟长长久久的"久久"同音，所以就有了长久、长寿这样的一些寓意。我们现在也把每年的九月初九定为尊老节。传统跟现代之间，一定是有关联的。

从"九"字的整个传衍过程中,我们能够看到好多故事传说,看见中国人对九五至尊的那种尊崇。传说中夏禹用九条龙制服了洪水,划定天下为"九州"。我们至今还会把"九州"作为中国的代名词。菊花在严寒的金秋盛开,所以它还有一个美名叫"九华"。《诗经》里面有"鹤鸣九皋",赞美丹顶鹤是高洁长寿的吉祥鸟。大家更熟悉的《庄子·逍遥游》称,大鹏鸟"水击三千里,抟扶摇而上者九万里"。孔子在《论语·季氏》也曾经倡导过培养人九种品格,分别是"视思明,听思聪,色思温,貌思恭,言思忠,事思敬,疑思问,忿思难,见得思义"。《易经》里将九定为阳数。大家也知道,中国人凡事分阴阳,天阳地阴,昼阳夜阴。那么数字中奇数为阳,偶数为阴。《说文解字》也解释说,"九,昜(yáng)之变也。"九月九两个数字都是阳数,所以它才叫重阳。

小篆·阳

这个"阳"是什么意思?《说文解字》解释为:

"高明也。从阜，易声。"过去这个耳朵旁是分左右的，所谓"左阜右邑"。左为"阜"，右半部分的"易"是它的声旁。

颜师古《汉书注》里面就有这个说法："阳数一三五七九，九，数之极也。"魏文帝曹丕也曾经写过："岁月往来，忽复九月九，九为阳数，而日月并应，俗嘉其名，以为宜于长久，故以享宴高会。"重阳节也是我们进入秋季以后的第一寒信，所以被人称为"重阳信"。它不仅是一个节日，也标志着整个秋季徐徐展开。民间谚语说："夏至有风三伏热，重阳无雨一冬晴。"也就是说，如果重阳这一整天都是晴晴朗朗的，那么当年的冬天雨雪应该都比较稀少。

"重阳"这个词最早在屈原的《楚辞·远游》里出现："集重阳入帝宫兮，造旬始而观清都。朝发轫于太仪兮，夕始临乎微闾。"不过这里的"重阳"不是指节日，它是指"九重天"。重阳节作为节日的来历，可以在南朝梁人吴均的《续齐谐记》里面找到记载。据说汝南人桓景，早年曾经跟随费长房游学多年。有一次费长房告诉桓景说，九月九日这天家里可能会有灾祸，要想避灾，就在手臂上佩戴插着茱萸的布囊登高饮菊花酒。

桓景就按照费长房给他的指点,这一天领着全家避开屋宅登上高山,等到傍晚下山回家的时候,才发现鸡狗牛羊都暴毙了。后来重阳节登高饮酒、佩茱萸囊,都始自最早这个传说。没想到吧,重阳节其实还有辟邪一说。

当然,今天的人取它的吉祥寓意,更倾向于把重九理解为长寿、长久的祝愿。《西京杂记》记载,汉高祖戚夫人"九月九日,佩茱萸,食蓬饵,饮菊花酒,云令人长寿"。也就是说在重阳节,可登高插茱萸、饮菊花酒、吃花糕。

这几个习俗,咱们从登高说起。大家先看这个"登"字,甲骨文的字形是这样的:

大家看到了吗?就是两只手捧着的"豆",豆是什么?也是个象形字,它是古代的一种礼器。所以"登"字上面是两只往上走的脚,也就是说,一级一级登上台阶,向神灵去进贡。后来把下面捧东西的手省掉了,这个字就只留下了在台阶上一步一步攀登的意思。

重阳登高，古人也称为登高辞青。因为夏天蓊蓊郁郁一片青葱的季节就快要过去了。这个时候天气凉了，草木凋零。所以三月三是踏春迎青，九月九是登高，在秋色的包围之中辞青。我们常常说秋高气爽，九月九正是观景的好时节。孙思邈所著《千金月令》[1]里面也说："重阳之日，必以肴酒登高眺远。为时宴之游赏，以畅秋志。"如今，重阳登山已经是一个民间性的盛大习俗了。可以锻炼人的身体，同时呼吸清新的空气，也有助于引领诗情到碧霄。

第二个活动我们看看插茱萸。茱萸是一种常绿植物，气味非常强烈。李时珍说，楚人称它为"辣子"，越人称它为"越椒"，蜀人称它为"艾子"，总而言之它气味辛烈，可以入药，能驱蚊、能杀虫。把茱萸放在小香囊内，挂在屋子里面，是能够驱邪辟邪的。从汉代开始，人们就把茱萸切碎放在香囊里面随身带着，晋以后才改将茱萸插在头上。所以唐代的王维才说"遥知兄弟登高处，遍插茱萸少一人"。

第三咱们说说赏菊花，饮菊花酒。其实不同的文化作品里面，可能会表现出不同的心情。有人是欢喜的，有人是悲伤的。陶渊明在他的《九日闲居》[2]里，就写

---

[1]《千金月令》，唐代医药学家、"药王"孙思邈撰，记录古传秘方

[2] 陶渊明《九日闲居》：世短意常多，斯人乐久生日月依辰至，举俗爱其名露凄暄风息，气澈天象明往燕无遗影，来雁有余声酒能祛百虑，菊解制颓龄如何蓬庐士，空视时运倾！尘爵耻虚罍，寒华徒自荣敛襟独闲谣，缅焉起深情栖迟固多娱，淹留岂无成

了他收到朋友送来的酒的时候，那种欢欣的心情。重阳的时候朋友送酒，这是欢喜。但是也有人一见黄花感发的是忧伤。李清照《醉花阴》这样写道："薄雾浓云愁永昼，瑞脑消金兽。佳节又重阳，玉枕纱橱，半夜凉初透。"这个时候她的丈夫赵明诚不在身边，她把这封信带着菊花酒香远远寄出去，跟她的丈夫说："东篱把酒黄昏后，有暗香盈袖。莫道不消魂，帘卷西风，人比黄花瘦。"这里的"黄花"就是指菊花。这是个千古名句，把词人自己销魂时分心中的牵挂，容颜的凋损，一切一切都写出来了。这个时候李清照的这杯酒，那是"借酒消愁愁更愁"了。

当然这样的黄花一日一日更迭着，它走到今天，也有壮怀激烈的时刻。秋季百花凋残，只有菊花傲然开放，这是很多文人墨客都曾赞赏的。所以菊花也跟梅花、兰花一样，是文人喜欢的有气节的花朵。在毛主席的诗词里面，也有脍炙人口的《采桑子·重阳》："人生易老天难老，岁岁重阳，今又重阳，战地黄花分外香。一年一度秋风劲，不似春光，胜似春光，寥廓江天万里霜。"读着这样的诗词，你是不是会觉得豪情顿生呢？千古黄花传到了今天，我们看到的这种辽阔，是不是也是内心的折射呢？

大家还熟悉周杰伦的歌《菊花台》，那"菊花残满地伤"的时候，也有很多人看见的是黄花里的昨日心事。可以说同一朵菊花折射不同的心情，人见此花时，花映人心时。

当然我最喜欢的还是苏东坡的说法，他曾经说过："菊花开时乃重阳，凉天佳月即中秋。"[1] 只要看到地上开菊花了，谁都可以说，遇着菊花的这一天就叫重阳节。想登高就登高，想饮酒就饮酒，要是思念亲人，就酣畅淋漓澎湃汹涌地思念，你还可以把它倾泻到诗句之中。

无论是登高、插茱萸，还是赏菊花、饮菊花酒，所有这些习俗，都是对人心的一种唤醒。重阳是个大日子，希望大家读了这篇文章，能过一个记得住的重阳节。

[1] 出自苏轼《江月五首·引》

扫一扫
听于丹老师讲节气节日

寒衣节

长安一片月,
万户捣衣声

寒衣节,顾名思义,重在"送寒衣"。现在少有人过十月初一,甚至是知道"寒衣节"这个名字了。今天我们就从"寒衣"说起,了解一下这个逐渐被人遗忘的民俗节日。

金文·寒　　小篆·寒

"寒"字我们已经有所了解。"寒"字的字形就像一个人生活在房屋里,周围裹满了草,表示天气很冷;还在人的脚下加了"仌","仌"即"冰",更强调了寒冷。因此"寒"的本义就表示"寒冷"。由于冬季是寒冷的,所以"寒"还可以表示冬季。

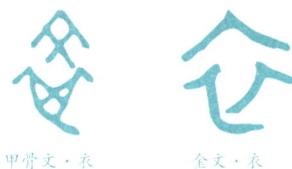

甲骨文·衣　　金文·衣　　小篆·衣

再来看"衣"字。"衣"是象形字，字形就像上衣之形，从甲骨文到小篆，一直比较稳定，基本保持象形写法，后来在隶变过程中一些笔画被平直、连接等，逐渐失去了象形性。"衣"字的本义就是指上衣，《说文解字》解释为："衣，依也。上曰衣下曰裳。"是说衣是人们遮身蔽体的必需物，上身穿的叫"衣"，下身穿的叫"裳"。《诗经·邶风·绿衣》有云："绿兮衣兮，绿衣黄裳。"其中"绿衣黄裳"指的就是绿色的上衣，黄色的下裙。有个成语叫"一衣带水"，《南史·陈纪下》记载："隋文帝谓仆射（yè）高颎曰：'我为百姓父母，岂可限一衣带水不拯之乎？'""一衣带水"就是比喻像一条衣带那么宽的河流，形容其狭窄或逼近。因为隋将伐陈，陈在长江之南，故而这样形容，后来泛指江河湖海不足为阻。

寒衣节时值每年农历十月初一，因此也称十月朔、十月朝、十月一、冬朔等。明清时期主要习俗为烧送纸钱衣物以祭祀鬼神，故多称"（送）寒衣节"。寒衣节与送寒衣有密切关系，十月为"水始冰，地始冻"的孟冬，所以在民间谚语中，北方说"十月一，穿齐备"，南方道"十月朝，穿棉袄"。《诗经·豳风·七月》中也有："七月流火，九月授衣。一之日觱发，二之日栗烈。无衣无褐，何以卒岁。"后来，唐玄宗由"九月授衣"而思缘人情以制礼仪，展孝思而移风俗，于是下令以九月一日"荐衣于陵寝"，并且成为典式。在安土重迁的封建社会，人民最大的理想，就是安居乐业；最大的不幸，就是离乡背井。人们希望这天，能把冬衣送到离家远戍的亲人手中，带去关怀与慰藉。

李白有一首著名的《子夜吴歌·秋歌》："长安一片月，万户捣衣声。秋风吹不尽，总是玉关情。何时平胡虏，良人罢远征。"诗中的"良人"，即丈夫。在严冬到来之前的秋天，在月光如水的夜晚，长安城沉浸在一片此起彼落的砧杵声中，这正是征人的妻子们怀着无限思念，为戍守西北边疆的丈夫赶制御寒的冬衣。在唐代，官僚贵族穿丝织品，平民百姓则穿麻布。麻布纤维粗而硬，必须放在砧石上，用"杵"将其捶打得柔软，制成衣服，穿在身上才舒适。月朗风清，风送砧声，声声都是怀念玉关征人的深情。

杜甫也有《捣衣》一诗："亦知戍不返，秋至拭清砧。已近苦寒月，况经长别心。宁辞捣熨倦，一寄塞垣深。用尽闺中力，君听空外音。"明知丈夫可能无法生还，还要给他制作寒衣。真希望自己不怕疲倦、用尽全力"捣衣"的声音，能被远方的丈夫听到。

据说寒衣节还与孟姜女万里寻夫送寒衣的传说有关，所以民谣中有唱："十月里芙蓉十月一，家家户户缝寒衣。人家丈夫把寒衣换，孟姜女万里寻夫送寒衣。"

冬天来了，去世的亲人他们在郊外的地下冷吗？我们有棉衣穿，他们有吗？所以古代的人们，在十月初一这一天，也要给死去的亲人送寒衣。不过给死者的寒衣无法"寄"，阴阳阻隔，难以逾越，所以只能用别的方法来送达。在唐代以前，多把寒衣埋入坟前土中。从唐代起，开始用焚烧的方法，不过把布制的衣服烧掉，有点浪费；随着造纸业的发达，用纸制衣成本较低，所以从那时起，便开始焚烧纸制衣服，以表达对死者的关怀，寄托生者的哀思。

寒衣节与春季的清明节、秋季的中元节，还有下元节并称为一年之中的四大"鬼节"。清代潘荣陛《帝京岁时纪胜·送寒衣》上有寒衣节的情形:"十月朔……士民家祭祖扫墓,如中元仪。晚夕缄书冥楮,加以五色彩帛作成冠带衣履,于门外奠而焚之,曰送寒衣。"胡朴安《中华全国风俗志》[1]也有介绍:"十月朔,俗称十月朝。人无贫寒,皆祭其先,多烧冥衣之属,谓之烧衣节。"

[1] 《中华全国风俗志》,是胡朴安在上世纪20年代初编成的一部有广泛用途的全国风俗百科全书,书中对各地方志和古今笔记、刊物中所载风俗进行了汇编。

下元节

十月半，牵砻团子斋三官

俗话说，"十月半，牵砻团子斋三官"。"十月半"即农历的十月十五，是民间传统的下元节，又称下元日、下元。下元节这个传统节日如今已是鲜为人知，今天我们就来通过汉字了解一下。

甲骨文·下

"下"字甲骨文字形长横在上，短横在下。那么举一反三，我们可以推想"上"字的古文字形。

甲骨文·上

"上"字的甲骨文字形短横在上,长横在下。

金文·下　　小篆·下

"下"字的金文字形承袭了甲骨文的写法,春秋战国时期字形多添一竖,篆文沿袭其写法。"下"字的本义就是指方位,与"上"相对。

下元节来源于道教上元、中元、下元三元的说法,上、中、下并举,含义明确。东汉时期,道教已吸收了传统的民间信仰,奉天、地、水"三官"为主宰人间祸福的神灵,到了宋代将"三官"与"三元"联系了起来,称"三官"为"三元"。所以上元节又称上元天官节,是上元赐福天官诞辰;中元节又称中元地官节,是中元赦罪地官诞辰,具体的一些细节我们之前已经了解过了。下元节又称下元水官节,是下元解厄水官诞辰。"三元日"展示了人们对天、地、人的自然崇拜。

关于下元节,《中华风俗志》有记载:"十月望为下元节,俗传水官解厄之辰,亦有持斋诵经者。"相传这一天,水官会下凡,考察凡间民情,奏录天庭,为人民解厄。因此，下元节又被称为消灾日。

下元节民间有祭祀水官的习俗，如常州地区每年下元都会"斋三官"。常州属于江南水乡，所以农家对水官生日十分重视，于是就在每年的农历十月十五水官生日的这天"斋三官"，祈求风调雨顺，国泰民安。这天，几乎家家户户都要用新谷磨成的糯米粉做小团子，包素菜馅心，蒸熟后在大门外"斋天"。还有些人家会在门前竖起"天杆"，悬挂写有"天地水府"、"风调雨顺"、"国泰民安"、"消灾降福"等字样的黄旗。到了晚上天杆顶上挂三盏灯笼，下面陈设香案，摆放鱼肉、水果、糍粑等祭品和香烛祭祀水官，乞求水官保佑吉祥平安，为民众解除困厄。

中国自古就是农业邦国，由于农业生产与水紧密相关，所以下元节在发展的过程中又融进了许多农业生产中的祭祀风俗，使其又成为一个祭祀神灵、祈禳灾邪、祈求丰收的农祀节日。不仅常州如是，在福建莆田一带，下元这天傍晚，各家各户都要在田头摆上斋品，田埂插香以祭水神，祈求在干燥的冬季庄稼滋润，农作物平安过冬。

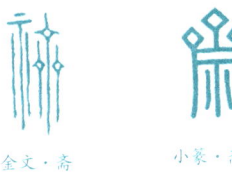

金文·斋　　小篆·斋

下元节还有修斋设醮的风俗,宋吴自牧《梦粱录》有记载:"(十月)十五日,水官解厄之日,宫观士庶,设斋建醮,或解厄,或荐亡。"《说文》解释为:"斋,戒洁也。""斋"字的本义是指古人在祭祀或举行典礼前整洁身心以示虔敬的活动。"醮"(jiào)是形声字,从酉焦声,《说文》解释为:"醮,冠娶礼祭。"因此"醮"的本义是指婚礼、冠礼的一种仪礼,总之,斋醮就是指请僧道设斋坛祈祷的活动。下元日是道教斋法中规定的修斋日期之一,修斋作醮的方法大致分两类:一类有设供斋,即设坛供斋醮神,借以求福免灾,供斋可以积德解愆;还有节食斋,即古人于祭祀之前,应沐浴更衣,不饮酒,不吃荤,以求外者不染尘垢,内则五脏清虚,洁身清心,以示诚敬,称为斋戒,斋戒可以"和神保寿";另外是心斋,心斋可以让人心平气静。第二类有粗食、蔬食、节食、服精、服牙、服光、服元气等,另外,持诵、忏法、祭炼等一切法事,也属于修斋。下元节本是道教神仙系统中的水官解厄之期，与上元、中元并举，如今的日常生活中却已经不太被提及，只有道教还在三元日的系统中，继续保持着下元节的斋醮活动。

随着日月的流逝，下元节在民间逐步演化为多备丰盛菜肴，享祭祖先亡灵，祈求福禄祯祥的传统祭祀节日，焚"金银包"也成为下元节祭拜祖先的活动。民间折红绿纸为仙衣，折锡箔为银锭，装入白纸糊的袋子中，俗称"金银包"，叩拜后焚烧，民国以后这种习俗就逐渐废止了。

此外，下元节民间工匠还有祭祀炉神的习俗。炉神又称炉火神，是道教三大尊神之一的太清道德天尊，也就是我们熟悉的神话中的太上老君。在《西游记》第七回中，太上老君用八卦炉炼九转金丹，结果被孙悟空偷吃了，老君将他打入八卦炉，非但没有烧死孙悟空，反而练就了他的钢筋铁骨，火眼金睛。老君之所以被奉为炉神，大概是因为他炼丹的缘故，所以大凡与金属、炉火有关的工匠便会供奉炉神，尊为师祖，祈求炉神保佑自家生意能够像炉火那样红火兴旺。

图书在版编目（CIP）数据

于丹趣品汉字．节气节日篇 / 于丹著．-- 北京：九州出版社，2018.3

　ISBN 978-7-5108-6848-1

Ⅰ．①于… Ⅱ．①于… Ⅲ．①汉字－通俗读物 Ⅳ．① H12-49

中国版本图书馆CIP数据核字（2018）第061953号

于丹趣品汉字：节气节日篇

作　　者	于丹　著
出版发行	九州出版社
地　　址	北京市西城区阜外大街甲35号（100037）
发行电话	（010）68992190/3/5/6
网　　址	www.jiuzhoupress.com
电子信箱	jiuzhou@jiuzhoupress.com
印　　刷	三河市中晟雅豪印务有限公司
开　　本	700毫米×970毫米　16开
印　　张	19.5
字　　数	180千字
版　　次	2018年5月第1版
印　　次	2018年5月第1次印刷
书　　号	ISBN 978-7-5108-6848-1
定　　价	58.00元

★ 版权所有　侵权必究 ★